EL NUEVO TESTAMENTO ERES TÚ

L. Emerson Ferrell

Voice of The Light Ministries

EL NUEVO TESTAMENTO ERES TÚ

© **L. Emerson Ferrell**
1ra Edición, 2025

DERECHOS DE AUTOR

Todos los derechos reservados. Esta publicación no puede reproducirse ni transmitirse en ninguna forma ni por ningún medio, ni archivarse en un sistema electrónico ni transmitirse de ninguna forma electrónica o mecánica, incluyendo fotocopias, grabaciones o cualquier otro sistema de almacenamiento de información (incluidos audiolibros), sin la autorización previa por escrito del autor.

Todas las citas bíblicas, salvo indicación contraria, se han tomado de la Nueva Versión King James (NKJV) © 1982 de Thomas Nelson Inc., utilizada con autorización. Todos los derechos reservados.

Categoría: Reforma
Publicado por: Ministerio Voz de la Luz / EE. UU.
Diseño de portada: Ana Méndez Ferrell
Diagramación: Andrea Jaramillo

Impreso en Estados Unidos

www.vozdelaluz.com

Ministerio Voz de la Luz PO Box 3418, Ponte Vedra, Florida, 32004 / EE. UU.

ISBN: 978-1-944681-74-6

CONTENIDO

7		**INTRODUCCIÓN**
13	CAPÍTULO 1	**NUESTRO ORIGEN ES INIMAGINABLE**
23	CAPÍTULO 2	**ENTRE DIMENSIONES**
33	CAPÍTULO 3	**PROGRAMACIÓN HIPNÓTICA**
41	CAPÍTULO 4	**ESPIRITUALMENTE FÍSICO**
49	CAPÍTULO 5	**TRANSFUSIÓN DIVINA**
57	CAPÍTULO 6	**¿EN QUÉ CREE Y POR QUÉ?**
77	CAPÍTULO 7	**DINERO E IMAGINACIÓN**

85	CAPÍTULO 8	**LENGUAJE CUÁNTICO**
103	CAPÍTULO 9	**DOCTRINAS HECHIZANTES**
117	CAPÍTULO 10	**EL ESPÍRITU ANTICRISTO**
133	CAPÍTULO 11	**RESONANCIA DE BABILONIA**
143	CAPÍTULO 12	**LA BIBLIA SIN DIVISIONES**
163	CAPÍTULO 13	**PACTOS**
197	CAPÍTULO 14	**FE Y CREER**
219	CONCLUSIÓN	**TÚ ERES EL NUEVO TESTAMENTO**

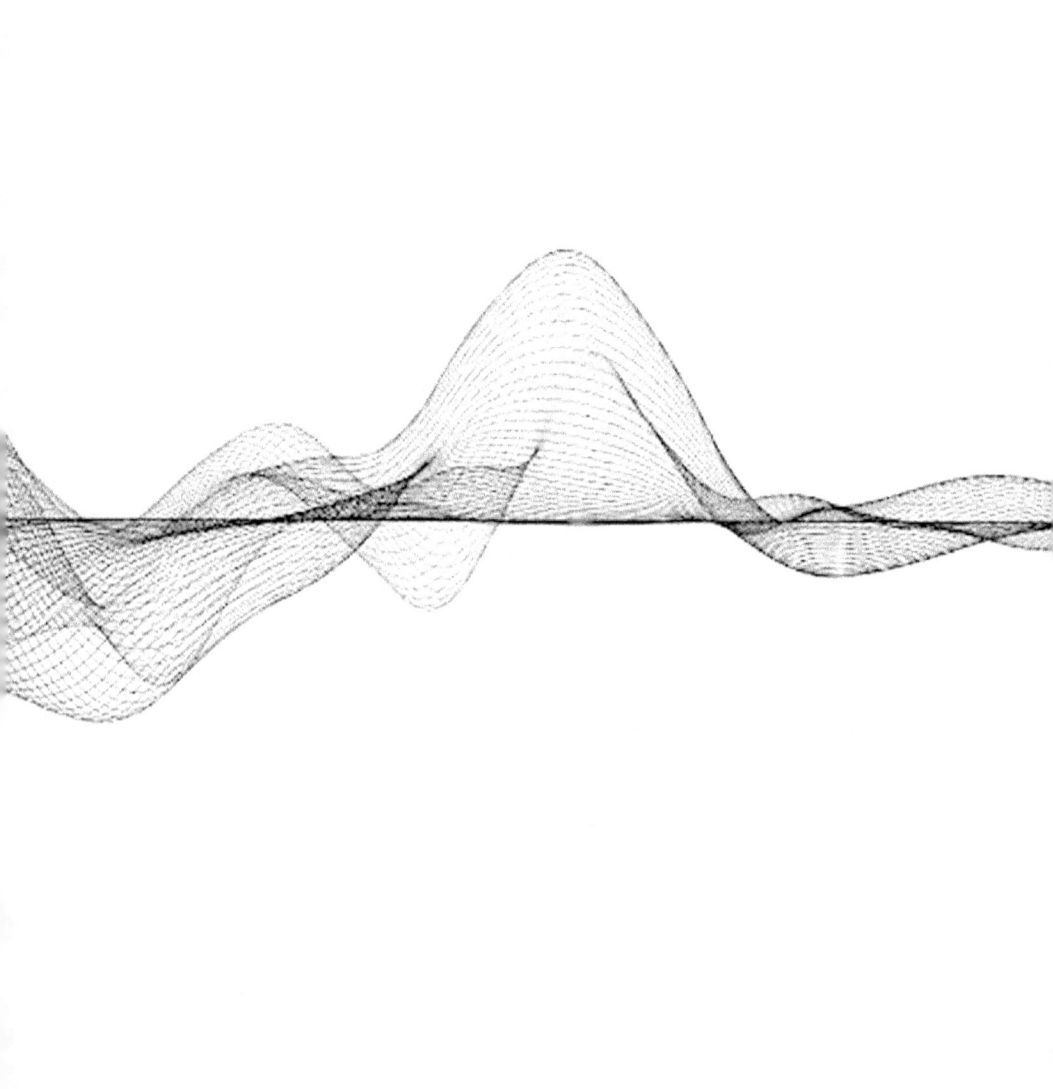

INTRODUCCIÓN

Este libro está escrito para aquellos que saben que Dios es su Padre y han experimentado genuinamente el amor de Cristo. Además, están sinceramente interesados en descubrir revelaciones del Espíritu Santo que les cambien la vida, escudriñando las Escrituras sin ser juzgados por sus acciones o ideas que puedan ser diferentes a las de las iglesias dominantes.

La primera vez que mis padres me llevaron a una iglesia, me dieron una Biblia y me dijeron que creyera cada versículo porque era la palabra de Dios. Por supuesto, supuse que sabían de lo que hablaban, así que les tomé la palabra y nunca cuestioné ni la Biblia ni sus interpretaciones.

No fue hasta que empecé a leer el libro que descubrí lo difícil que era de entender. Mi respuesta, como la de tantos otros, fue depender de doctrinas, ortodoxias y religión para "explicar" lo que la Biblia "realmente significa."

El libro que tienes en tus manos contiene las llaves que, cuando se colocan en la cerradura correcta, desvelarán imágenes, luces, sonidos y palabras del reino espiritual que se colocaron allí para que sólo tú las experimentaras.

Pero no es una experiencia más que te deja con ganas de otro sentimiento o emoción. Esta interacción con lo divino cambia tu forma de pensar, de creer en un cielo futuro a vivirlo ahora. ¿Por qué? Porque, como descubrirás, "la imagen" que reconoces por tus sentidos esconde los misterios que buscas, que es el reino que Jesús dijo que encontraras primero.

> ***Mas buscad primeramente el reino de Dios*** *y su justicia, y todas estas cosas os serán añadidas.*
>
> Mateo 6:33 LBLA

La mayoría de las preguntas extremadamente relevantes entre las personas que van a las iglesias permanecen sin respuesta en gran parte debido a la desconexión entre la Biblia que leen y la Biblia que se les enseña. Esta fue mi experiencia durante años y es un factor que contribuye a mi viaje sin fin para recibir directamente de la fuente, Cristo mismo.

No fue hasta que El Espiritu me explico que Su Biblia estaba escrita en mi espiritu antes de que yo fuera carne que descubri que yo era Su Nuevo Testamento, no las letras de la Biblia que estaba leyendo. En otras palabras, mi origen estaba en El, lo cual eliminaba mi necesidad de hacer un pacto con cualquier cosa en el mundo fisico.

INTRODUCCIÓN

> *Alabado sea el Dios y Padre de nuestro Señor Jesucristo. Por medio de Cristo, Dios **nos ha bendecido con todas las bendiciones espirituales** que el cielo puede ofrecer.*
> ***Antes de la creación del mundo, Él nos escogió por medio de Cristo** para ser santos y perfectos en Su presencia.*
>
> Efesios 1:3-4 GWT

Ese versículo se convirtió en un terremoto dentro de mí, haciendo añicos todo el miedo y la duda que me mantenían atado a las mentiras doctrinales de la religión. Usted experimentará esta libertad a medida que estudie este material. Este no es un libro escrito para informarte; es un espejo que te mostrará quién eres y de dónde vienes.

El poder de lo que somos como creación de Dios es milagroso. Al igual que un niño que aprende a gatear, caminar y correr, requiere nunca estar satisfecho con nuestra posición o condición actual. Eso significa negarse rotundamente a dejar que la comodidad y la previsibilidad te hipnoticen haciéndote creer que has llegado debido a una doctrina o enseñanza denominacional.

Este libro revelará tu posición en tu Padre más allá del pensamiento dimensional limitado que hemos sido condicionados a aceptar como real. Mi vida cambió dramáticamente, y también lo hará la tuya después de que comprendas que nuestras respuestas al mundo físico perpetúan nuestra condición actual como carne y hueso. Los sencillos pasos que aprenderás de este material no sólo cambiarán tu vida, sino que también descorrerán las cortinas para hacer visible "lo invisible".

No hay absolutamente nada malo en ti o en tu situación actual que tus creencias y percepciones no puedan transformar. Sinceramente creo que nuestra actual comprensión del Cristianismo ha sido influenciada por la forma en que vemos la Biblia, que a menudo es vista sólo como el Antiguo y el Nuevo Testamento. Si nos enseñaran la Biblia a través del poder de los Pactos de Dios, descubriríamos el camino divino de vuelta a la Unidad con nuestro Padre.

Dios completó Sus pactos con Sus varios siervos, los cuales discutiremos en el libro, para asegurarnos a ti y a mí que podríamos individualmente hacer un pacto con Cristo en Su resurrección. Jesús terminó Su obra, y ahora Él ha extendido Su pacto a usted personalmente.

Nada es más importante que nuestro pacto personal con Cristo resucitado. Este es el propósito de este libro y provee la liberación que usted necesita desesperadamente. Este pacto es como ningún otro porque fue diseñado personalmente para tu plenitud en Él.

Este libro no se parece a ningún otro que vaya a leer, ya que no es lineal, sino multidimensional. En otras palabras, la información se convertirá en impartición a medida que aprendas a observar tu respuesta condicionada a la dimensión visible. La razón de nuestra condición se debe a nuestra atención a esta dimensión.

Para recordarte esa condición se repiten varias escrituras a lo largo del libro.

Nuestra condición actual es temporal, pero Su alianza es eterna porque en Él, nada es lo que parece, y lo que será te ha estado esperando. Sin embargo, tú ya lo sabes, y este libro te sirve de confirmación.

Mi limitado conocimiento de Cristo resucitado me ha llevado a un lugar de profundo asombro que supera mis pensamientos y mi imaginación, y es desde este lugar desde donde transmito mi actual nivel de comprensión. Espero sinceramente que, para todos los que lean este libro, cada minuto dedicado a su estudio se convierta en años de alegría y descubrimientos extraordinarios.

Estoy seguro de que después de estudiar este libro, tu vida nunca volverá a ser la misma porque te proporcionará la revelación necesaria para expandir tu conciencia hacia el fabuloso viaje que tienes por delante.

Mi sugerencia es que evites detenerte en lo que no está claro o es irrelevante para ti en este momento, ya que Dios amplía y refuerza nuestros cimientos antes de revelando verdades más profundas. Lo que existe hoy permanecerá hasta que nuestro espíritu lo recuerde; esto es similar a lo que algunos llaman déjà vu.

NUESTRO ORIGEN ES INIMAGINABLE

Un tema recurrente en este viaje hace hincapié en la necesidad de recordarnos a nosotros mismos que somos seres espirituales. No se trata de una mera idea, sino de una verdad fundamental, que resulta especialmente difícil de aceptar durante el dolor físico. Nuestra mayor sensibilidad al malestar lo convierte en la vía más rápida para olvidar nuestra naturaleza espiritual y empezar a centrarnos en el reino material.

No existe una fórmula mágica para erradicar el dolor físico; sin embargo, he empleado un método que mitiga su abrumadora capacidad para captar mi atención. La adoración es el único poder que me libera físicamente de sus garras. Cuanto más resuena mi voz en armonía con Su amor, más me distancio de mi forma física, abrazando Su diseño sin imágenes.

Concéntrate en estas escrituras para elevar tu frecuencia por defecto y combatir las voces que te recuerdan tu imagen física y tus fracasos.

> *Dios es Espíritu.*
> Juan 4:24 LBLA

> *Entonces dijo Dios: "Hagamos al hombre a Nuestra imagen, según Nuestra semejanza".*
> Génesis 1:26 LBLA

La Escritura afirma explícitamente que el hombre fue creado a imagen y semejanza de Dios, que es Espíritu. Esto implica que el "hombre" es un espíritu que carece de forma física o material dentro de esta dimensión.

Esta es una de esas escrituras que dejan a nuestro cerebro indefenso porque no tiene memoria de un espíritu. Si fuéramos hechos a imagen de un pez o un gorila, nuestro cerebro formaría inmediatamente una imagen que se asemejara a esas palabras. Este subraya la razón por la que la comunicación debe ser en forma de frecuencia y no de palabras.

La Biblia comienza inmediatamente con conceptos que son tan ajenos a nuestra forma de pensar y creer como los titulares de las noticias de hoy que describen seres no humanos volando ovnis.

Tras un examen más detallado, debemos concluir en última instancia que es necesaria una mentalidad claramente diferente para comprender plenamente nuestros orígenes milagrosos. Además, reconocemos que nuestras capacidades lingüísticas actuales se quedan cortas para articular adecuadamente la naturaleza del reino espiritual.

Esto ilustra por qué la humanidad confía en las ramas científicas para dar sentido a lo desconocido, utilizando un lenguaje y unas herramientas que están intrínsecamente limitados por esta dimensión. Así, seguimos dependiendo de esta "dimensión limitada" para obtener respuestas a preguntas que se originan más allá de ella. Sin embargo, llegaremos a darnos cuenta de que nacemos en esta dimensión con esas respuestas ocultas en nuestro espíritu.

Muchos pasan por alto lo milagroso y el papel de Dios como Creador para eludir sus temores. Reconocer nuestra dependencia de la ciencia y de la sabiduría de este mundo proviene de nuestro miedo. Este reconocimiento iniciará el proceso de reconexión que nos permitirá descubrir misterios divinos que superan el lenguaje y el miedo.

Dada nuestra profunda inmersión en la sabiduría mundana, muchos luchan por encontrar respuestas genuinas sobre nuestros orígenes y existencia. En consecuencia, muchos recurren a la Biblia, que sirve de excelente punto de partida para esa exploración.

Sin embargo, para comprender verdaderamente nuestra naturaleza espiritual debemos trascender los tópicos tradicionales en nuestras interpretaciones de las Escrituras, en particular del libro del Génesis. Este libro es significativo porque desvela la esencia intangible de Dios de una manera que puede percibirse.

Moisés escribió el Libro del Génesis tras pasar 80 días con Dios sin comida ni agua. Esta profunda experiencia le permitió utilizar el lenguaje divino para describir la creación.

Tras crear al hombre y asignarle la tarea de dar nombre a todos los animales, Dios lo dividió y le quitó su lado femenino para que le sirviera de compañía. Poco después de esta separación, Dios dejó claro que comer del árbol prohibido conduciría a la muerte.

> *"excepto el árbol que da el conocimiento de lo que es bueno y lo que es malo. No debes comer el fruto de ese árbol; si lo haces, **morirás el mismo día**".*
>
> Génesis 2:17 TEV

El hecho de que el hombre no muriera físicamente demuestra que la Palabra de Dios es espiritual. Se refería a la pérdida del hombre de la autoridad espiritual y del acceso al reino de Dios.

CAPÍTULO 1 | NUESTRO ORIGEN ES INIMAGINABLE

Adán era una entidad espiritual en forma física, lo que le otorgó el dominio sobre este reino físico hasta que hizo una mala elección. Eligió la sabiduría de esta dimensión, que se ha convertido en la condición por defecto de todos los seres nacidos en este reino. Además, a todos se nos enseña a confiar en nuestros cinco sentidos para definir la realidad. Así, creamos nuestro mundo basándonos en esta condición y creemos que es real.

Esta forma de pensar fomenta un enfoque de resolución de problemas centrado en el mundo material como fuente de nuestros problemas. En términos sencillos, a menudo percibimos nuestros retos únicamente como resultados de situaciones físicas, lo que oscurece nuestra comprensión de nuestra naturaleza como seres espirituales.

Perder nuestra conexión espiritual con Dios hace casi imposible percibir o comprender una realidad más allá de esta dimensión. El resultado es una sensación de separación de la totalidad, que infunde miedo y nos lleva a buscar seguridad en las posesiones materiales.

El resultado de que el hombre perdiera su diseño original como espíritu le obligó a utilizar sus sentidos para crear una imagen en la que se basan su cuerpo y su cerebro para proteger una imagen. Reconocer esto es crucial para comprender nuestro origen y propósito.

La búsqueda de sabiduría de la mujer la llevó a probar el fruto prohibido. Esta creencia persiste en este sistema, alimentando generaciones que creen que Dios piensa como ellos, por lo que sus pensamientos son Sus pensamientos. Nuestra percepción da forma a nuestra realidad, guiada por la sabiduría que adoptamos y comunicamos.

Nuestros conceptos y condiciones mentales están moldeados por la conciencia de pecado de Adán, razón por la cual Jesús articuló claramente su origen.

> *Jesús respondió: "Mi reino no pertenece a este mundo. Si mi reino perteneciera a este mundo, mis seguidores lucharían para evitar que me entregaran a los judíos.* **Mi reino no tiene su origen en la tierra**".
>
> Juan 18:36 GWT

Adán recordó que después de consumir la fruta, Dios declaró que la muerte sería el resultado de participar del árbol prohibido, una afirmación que le infundió miedo. Así, el "miedo" sirve de fundamento a toda la materia de esta dimensión.

Antes de comer el fruto, Adán nombró a todas las criaturas de la tierra y se comunicó con Dios. No fue hasta que el miedo entró en su ser que perdió su ancho de banda espiritual con el reino de Dios, que le conectaba con lo divino y los misterios del universo. Esto ilustra perfectamente por qué Jesús dijo que hiciéramos de ese descubrimiento nuestra máxima prioridad.

El miedo a la muerte sirve como frecuencia fundamental para toda la materia en esta dimensión. Fluye a través de la sangre, guiando a las entidades a reproducir patrones específicos. Por eso los descendientes presentan rasgos y hábitos similares.

En otras palabras, las enfermedades atribuidas a la genética son el resultado de creencias y temores familiares que se transmiten a través de la línea sanguínea de su descendencia. Yo sostengo que este fenómeno es el resultado de la dolencia espiritual, que todos heredamos al nacer, denominada conciencia del pecado.

Por otra parte, los genes actúan como una huella dactilar personal; no son un método infalible para predecir afecciones y enfermedades en las familias. Los diferentes resultados observados en gemelos idénticos ilustran este punto. A un gemelo se le puede diagnosticar una enfermedad que su hermano nunca padece.

Si las civilizaciones integraran esta verdad en sus sistemas educativos, podríamos cultivar una conciencia más profunda y crear una generación más consciente desde el principio. Aunque la humanidad nace desconectada de Dios debido a la conciencia de pecado de Adán, comprender nuestros orígenes podría guiar a los individuos hacia las enseñanzas de Cristo con mayor rapidez que en generaciones pasadas.

La transformación de nuestras vidas se acelerará de formas que ni siquiera podemos imaginar cuando confiemos en nuestro diseño original como espíritu. Abrazar esta sencilla verdad de invita a la guía del Espíritu Santo en nuestra vida diaria, ya que cambia sin fisuras nuestras percepciones de lo material a lo espiritual.

Como seres espirituales, comprendemos intuitivamente la verdad, y por eso seguimos las enseñanzas de Cristo. Esta práctica nos permite alinearnos con frecuencias que silencian las voces de la duda y la incredulidad, que pueden inundar nuestra mente de miedo.

¿Recuerdas la emoción de comprar un coche nuevo y, de repente, darte cuenta de su marca y modelo por todas partes? Esto demuestra vívidamente cómo el Espíritu Santo cambia nuestra percepción y comprensión, permitiéndonos ver lo que siempre ha existido dentro de nuestro espíritu.

CAPÍTULO 1 | NUESTRO ORIGEN ES INIMAGINABLE

ENTRE
DIMENSIONES

Los devotos de su relación con su Creador celebrarán con alegría el extraordinario viaje que compartimos y confiarán de todo corazón en el maravilloso proceso que Su amor ha diseñado para llevarnos de vuelta a Él.

Nos damos cuenta de que nuestro origen va más allá de nuestros cumpleaños físicos; procede de la dimensión no lineal más allá del tiempo. Abrazar esta idea puede inspirarnos a replantearnos lo que realmente nos importa en la vida.

Sin embargo, sigue siendo nuestra responsabilidad observar nuestra condición actual para recibir instrucciones del Espíritu Santo para facilitar nuestra posición EN ÉL.

> *Alabado sea el Dios y Padre de nuestro Señor Jesucristo. Por medio de Cristo, Dios nos ha bendecido con todas las bendiciones espirituales que el cielo puede ofrecer.*
>
> *Antes de la creación del mundo, Él nos escogió por medio de Cristo para ser santos y perfectos en Su presencia.*
>
> Efesios 1:3-4 GWT

Pablo nos proporcionó una visión de nuestros orígenes y, me atrevería a decir, de nuestro estado actual. Les invito a reflexionar conmigo un momento. Si existimos antes de la creación de un "mundo", que, como hemos aprendido, es producto de nuestra creencia, es lógico que la alteración de nuestra creencia cambie en consecuencia nuestra posición.

Comprendo el esfuerzo que todos hemos dedicado a dar forma a nuestra imagen y a navegar por nuestras circunstancias, lo que puede suponer un reto a la hora de saltar a lo desconocido. Aun así, estamos aquí para llevar a cabo la importante misión que Él nos encomendó incluso antes de que nos encarnáramos.

Además, es esencial reconocer que nuestro tiempo en esta dimensión es finito, lo que nos ofrece una breve oportunidad de explorar los misterios que Jesús reveló a Sus discípulos tras Su resurrección.

Estas percepciones se otorgan a cualquiera que siga sinceramente las enseñanzas de Jesús en pos de Su Reino. Créeme, son llaves cruciales que abrirán visiones, sueños y revelaciones que no son accesibles por ningún otro medio.

■ TRANSFORMACIÓN SIN IMAGEN

Una mañana me desperté con una visión de mí mismo suspendido por lo que parecían ser hilos. Esta imagen parecía una marioneta controlada por una mano desprendida de un cuerpo; sin embargo, a medida que se movía, también lo hacía mi imagen. Tenía la sensación de no poder hacer nada, excepto moverme en la dirección dictada por la mano que manipulaba los hilos.

Percibí que el Espíritu Santo me guiaba para permanecer atento tanto a la imagen como a la mano. Inmediatamente, mi perspectiva cambió de un punto de vista tridimensional a un espacio multidimensional. Lo supe porque no podía identificar nada con mis sentidos. En la tercera dimensión, los objetos se definen por las sombras y la luz, así como por nuestro reconocimiento cognitivo de formas y tamaños.

Por lo tanto, más allá de esta dimensión, se hace difícil discernir o incluso localizar objetos, lo que me llevó a dejar de buscar lo familiar y permitir que el Espíritu Santo impartiera lo que Él quería que yo entendiera sin que yo intentara distinguir el objeto.

En ese momento, me quedó claro que lo que estaba experimentando era mi origen más allá de los límites del tiempo y el espacio. Sentí una profunda sensación de conocimiento y comprensión surgiendo simultáneamente en mi interior. No se trataba de la habitual búsqueda de causa y efecto que suelo hacer en esta dimensión. En su lugar, se trataba de una comprensión innata, un conocimiento que trascendía la enseñanza tradicional, y eso es lo que realmente da forma a mi percepción del reino invisible.

Mientras mantenía la calma y la conciencia, los movimientos a mi alrededor empezaron a ralentizarse y, de repente, sentí que la luz se detenía en el tiempo. En ese momento de paz, mi mente empezó a divagar y me resultó un poco difícil mantener la concentración con todas las distracciones que intentaban distraerme.

La energía que necesitaba para mantenerme concentrada se agotaba constantemente con una oleada tras otra de pensamientos y emociones. Los pensamientos aleatorios que pasaban por mi mente vibraban a una frecuencia tan baja que me agotaron. Sin embargo, cuanto más tiempo intentaba permanecer consciente, más fuerte me volvía hasta que, de repente, la batalla terminó.

En ese momento, oí claramente al Espíritu Santo recordarme suavemente que la lucha por permanecer presente en este mundo es, de hecho, la batalla más importante que debemos afrontar para liberarnos de nuestros condicionamientos.

CAPÍTULO 2 | ENTRE DIMENSIONES

Cada día, nos encontramos en un dilema de dimensiones, lidiando con pensamientos que intentan convencernos de que estamos separados de nuestros retos. La realidad es que reflejamos aquello a lo que nos resistimos. Además, cuanto más justificamos nuestra postura, más energía utilizamos que podría ayudarnos a permanecer anclados en el presente.

Por ejemplo, durante mi infancia jugué al béisbol y siempre estaba compitiendo por un puesto en el equipo. Muchos de mis compañeros eran tan hábiles o más que yo, así que tenía que encontrar la manera de destacar para asegurarme un puesto. Recuerdo que percibía a mis rivales como enemigos, lo que me llevó a racionalizar la fabricación de mentiras y la difusión de rumores sobre ellos para mejorar mi imagen a los ojos de los entrenadores. En realidad, la mayoría de las falsedades que atribuía a mis competidores reflejaban mis propios rasgos y debilidades.

Identificar diferencias en los demás nos separa de la Unidad de Dios y de la guía del Espíritu Santo. Aprendí que ver la competencia como parte de mí mismo me asegura que no puedo fracasar, ya que la Unidad garantiza el éxito de todos a través de la victoria de Cristo sobre la separación.

Nuestro apego a las imágenes y las emociones moldea nuestro estado físico y, en última instancia, forma la imagen que protegemos y validamos. Es esencial reconocer que nuestras observaciones de las circunstancias no son ni buenas ni malas hasta que decidimos juzgarlas.

El juicio es lo que nos separa de nuestra posición celestial y nos establece como una imagen que defendemos y validamos apasionadamente. Esto marca el comienzo de la confusión y la tribulación hasta que reconocemos conscientemente estos fenómenos a medida que ocurren.

Movernos por esta dimensión como seres físicos condicionados por nuestras experiencias implica numerosas opiniones sobre lo correcto, lo incorrecto, lo bueno y lo malo. No son nuestras opiniones las que crean división entre nosotros, sino la creencia de que tenemos algún tipo de superioridad sobre una imagen a la que, sin saberlo, hemos ayudado a dar vida.

En términos más sencillos, puesto que damos forma al mundo que nos rodea, significa que los personajes de este melodrama surgen de nuestra propia imaginación.

Empeñarse en esa práctica es una tontería que nos distrae del momento presente divino, que fue modelado por la mente de Cristo para transformar nuestro pensamiento y condición y sentarnos en las dimensiones celestiales.

A medida que observamos sistemáticamente nuestros pensamientos sin juzgarlos y soltamos las ideas que nos atan a nuestra forma de entender la realidad, olas de alegría empezarán a envolvernos, transformando nuestras percepciones y pensamientos. Cuanto más tiempo permanezcas en ese estado, más recordarás tu origen. Este ejercicio alimenta mi lucha diaria, sobre todo en lo que respecta a mis actitudes y reacciones en este reino físico.

Me ha sorprendido la velocidad a la que ha cambiado mi percepción. Atribuyo esto directamente al Espíritu aumentando mi frecuencia para ver el reino invisible. Todo lo que descubro siempre ha estado ahí, pero oculto para mí debido a mi ancho de banda. Estos son términos que describen nuestro yo magnético, que es el ser invisible oculto dentro de nuestros cuerpos de carne.

> *"Despejad vuestros temores, pequeño rebaño: vuestro Padre se complace en daros el Reino".*
>
> Lucas 12:32 WEY

La escritura anterior era sólo un concepto para mí hasta que practiqué permanecer consciente cada día. Ese hábito me permitió resonar con frecuencias divinas que abrieron mis ojos espirituales para ver y comprender que Su magnífico reino habitaba dentro de mí.

Elegir no reaccionar ante las personas o los acontecimientos, incluso cuando nuestra mente analítica encuentra una razón para hacerlo, nos abre el cielo para movernos entre dimensiones y observar las vibraciones y la luz de formas totalmente nuevas. Fue esta luz la que me permitió ver la mano que sujetaba las cuerdas.

Al principio pensé que Jesús era el ser de luz que manejaba los hilos, pero pronto me di cuenta de que era yo. Esta revelación me cambió para siempre; llegué a la certeza de que ninguna mano invisible controlaba mi vida. Yo era el creador de mi vida.

En otras palabras, mis creencias condicionadas eran los hilos que movían la marioneta y no la mano.

Esta visión amplió mi comprensión. Mi impotencia inicial me asustó hasta que me di cuenta de que el miedo me alerta de mi separación de la Unidad. Cuando deseo experimentar algo, me alejo de mi dimensión de unidad en Él.

Mi conciencia pasa de lo físico a lo espiritual cada vez que dejo de pensar en el pasado o en el futuro.

Por lo tanto, mi aceptación de la responsabilidad como fuerza invisible dentro de esta dimensión ha hecho añicos la ilusión de que debo depender de algo o de alguien para transformarme.

Jesús dijo a los judíos: "Puedo garantizar esta verdad: El Hijo no puede hacer nada por sí mismo. ***Sólo puede hacer lo que ve hacer al Padre.***

> *De hecho, el Hijo hace exactamente lo que hace el Padre".*
>
> Juan 5:19 GWT

Jesús estaba experimentando verdaderamente a Su Padre en el momento presente, y estoy descubriendo que ésta es la única manera en que podemos permanecer verdaderamente en Él. En el momento en que nuestra mente se desvía hacia pensamientos pasados o futuros, perdemos esa preciosa conexión y desperdiciamos la valiosa energía espiritual que acumulamos a lo largo de nuestras experiencias conscientes.

Una vez que creemos de verdad que estamos en Él, nuestras percepciones pueden elevarse más allá de las limitaciones de esta dimensión. Cuanto más consciente me vuelvo, menos ansío las experiencias del mundo material, por lo que me resulta más fácil permanecer presente.

Es importante reconocer que para las personas que dependen de las experiencias físicas para conformar su identidad y bienestar, validar sus retos y dificultades es una lucha continua. Estas dificultades se derivan del condicionamiento físico al que nos sometemos durante la infancia, un tema que se explorará en un capítulo posterior.

PROGRAMACIÓN
HIPNÓTICA

Seguramente estás descubriendo cosas que ya sabes y que has estado considerando durante algún tiempo, pero Dios te tiene ahora en posición de profundizar más que nunca en Sus maravillosos caminos.

Esta sección ofrece ideas para descubrir los tesoros de nuestro espíritu. Nuestras creencias influyen en nuestras experiencias y a menudo obstaculizan nuestra capacidad de despertar a la vida vibrante que nos rodea. Por desgracia, muchos no son conscientes de ello debido al condicionamiento subconsciente desde el nacimiento hasta los seis años.

Un recién nacido llega al mundo como un lienzo en blanco, libre de cualquier recuerdo o experiencia impresa en su mente. Las investigaciones indican que se produce una forma de "hipnosis" desde el nacimiento hasta los seis años. Durante este periodo, el cerebro del bebé crece rápidamente, duplicando su tamaño en el primer año y alcanzando el 90% del tamaño del cerebro de un adulto a los cinco años.

Durante esta fase de desarrollo, nuestros pensamientos, comportamientos y percepciones subconscientes se afianzan como patrones habituales que ejecutamos automáticamente cada día. Este fenómeno se produce debido a la latencia de la parte analítica o racional de nuestro cerebro, que procesa y evalúa la información. Al carecer de filtros o resistencia, a la edad de siete años los individuos han asimilado un importante volumen de datos que conforman en gran medida su identidad.

Tómese un momento para reflexionar sobre lo siguiente. Entramos en este reino físico desprovistos de recuerdos y sin lenguaje ni herramientas de comunicación. Sorprendentemente, en los cinco años siguientes, somos moldeados para pensar y creer de una forma muy parecida a la de aquellos que nos mantuvieron.

La programación y el condicionamiento se producen cuando entramos en un estado de trance en la infancia, parecido a la hipnosis. Esto explica nuestras reacciones instintivas al entorno en determinados momentos.

CAPÍTULO 3 | PROGRAMACIÓN HIPNÓTICA

Aún recuerdo cuando entré en aquella habitación y me invadió una oleada de miedo que no podía comprender. Con el tiempo, descubrí que, cuando sólo tenía siete años, había presenciado cómo un perro mordía a mi hermano en ese mismo espacio. Este recuerdo me provocó ese miedo, porque los sentimientos relacionados con aquel incidente habían condicionado mi cuerpo y mi mente para reaccionar así.

Esto ilustra un fenómeno llamado "condicionamiento". Al observar nuestros pensamientos y reacciones, permitimos que el Espíritu Santo acceda a nuestro condicionamiento hipnótico y lo borre. Además, ofrece una visión increíble sobre cómo ayudar a otros que están condicionados por el miedo.

Permanecer presentes mejorará nuestra comprensión de cómo nuestro condicionamiento mental y físico da forma a nuestras identidades. Este condicionamiento influye enormemente en el pensamiento analítico, creando un "cortafuegos" alrededor de nuestras experiencias para garantizar que reaccionemos automáticamente de acuerdo con nuestros programas.

Nuestras creencias provienen del condicionamiento generacional transmitido por nuestros antepasados. Las llamadas "verdades" que sostenemos nos fueron inculcadas por familiares y amigos que también estaban condicionados por el miedo y la incredulidad.

■ LA GENÉTICA Y LA SANGRE DESTACARON

Nuestras creencias generacionales están moldeadas por nuestra conexión directa con la conciencia y el linaje de Adán. Esto nos ayuda a entender por qué la sangre de Jesús proviene de Su Padre y cómo Sus palabras resuenan espiritualmente con nosotros.

La humanidad se originó dentro de Dios, que es Espíritu. La fuerza vital de una persona es la luz de Dios, que se manifiesta como sangre para sostener la vida física en este planeta. Cuando Dios sopló en la nariz de Adán, éste se convirtió en un alma viviente.

La incredulidad de Adán introdujo la muerte en el corazón y el alma de toda la humanidad nacida en este reino tridimensional. La incredulidad, o el pecado, corrompió la fuerza vital de la humanidad, representada por la sangre, aunque originalmente era la luz del primer día.

Un número significativo de individuos y científicos creen erróneamente que la genética gobierna nuestro estado físico. Este punto de vista fomenta una mentalidad victimista, que lleva a la creencia errónea de que la asistencia externa es necesaria para su bienestar. Esto debería explicar la condición por defecto de la humanidad de "correr" a un médico para recibir alivio del malestar y el dolor.

La ciencia suele descartar a Dios como Creador de todas las cosas, lo que por desgracia influye negativamente en muchos aspectos de la sociedad. Sin embargo, si la ciencia fuera verdaderamente omnipotente, las condiciones físicas y mentales en todo el planeta reflejarían una situación mucho más saludable.

Dios nos hizo creadores; considerarnos víctimas crea una profecía autocumplida. ¿Por qué ocurre esto? Como creadores, tenemos el poder de moldear nuestro mundo y nuestras experiencias. A medida que sigas leyendo, comprenderás mejor este concepto.

En presencia de Dios, los imprevistos son inexistentes, ya que la solución estaba determinada mucho antes de que la humanidad desobedeciera a Dios. La clave para comprender este magnífico plan, y su desarrollo, reside en las enseñanzas de Cristo.

*"Os he dicho esto para que tengáis paz en Mí. En el mundo tendréis problemas, pero tened valor, **Yo he vencido al mundo**".*

Juan 16:33 LBLA

La Tierra sigue siendo y será perpetuamente el cielo de Dios dentro de esta dimensión. Como creadores, manifestamos el mundo que hemos sido condicionados a creer que existe. Recuerda que los términos "mundo" y "Tierra" no son lo mismo.

Sin embargo, el condicionamiento transmitido de generación en generación está moldeado por el miedo y la incredulidad, distorsionando nuestras percepciones y creando una realidad que parece reflejar la tribulación descrita por Jesús.

Muchas personas que creen en la Biblia y asisten a la iglesia se enfrentan a retos similares a los que afrontan quienes no van a la iglesia. Aunque leen y citan las Escrituras, todavía se preguntan qué conquistó Jesús mientras seguimos afrontando dificultades. Las respuestas a esas preguntas y a otras más se abordan en este libro.

Cuando respondemos a la llamada de Jesús de buscar ante todo Su reino, obtenemos una visión más clara en todos los aspectos de nuestra vida. Quienes emprenden este extraordinario viaje descubren a menudo que sus temores disminuyen, lo que les hace menos proclives a hacer caso de la sabiduría del mundo que les rodea.

Es posible que te hayas enfrentado a desafíos que te hacen cuestionar el propósito de perseguir el Reino de Dios. La clave para responder a esa pregunta (y a muchas otras) está en observar nuestros pensamientos y acciones. Dar este paso permite que el Espíritu Santo entre en tu vida de una manera que nunca antes habías experimentado.

CAPÍTULO 3 **PROGRAMACIÓN HIPNÓTICA**

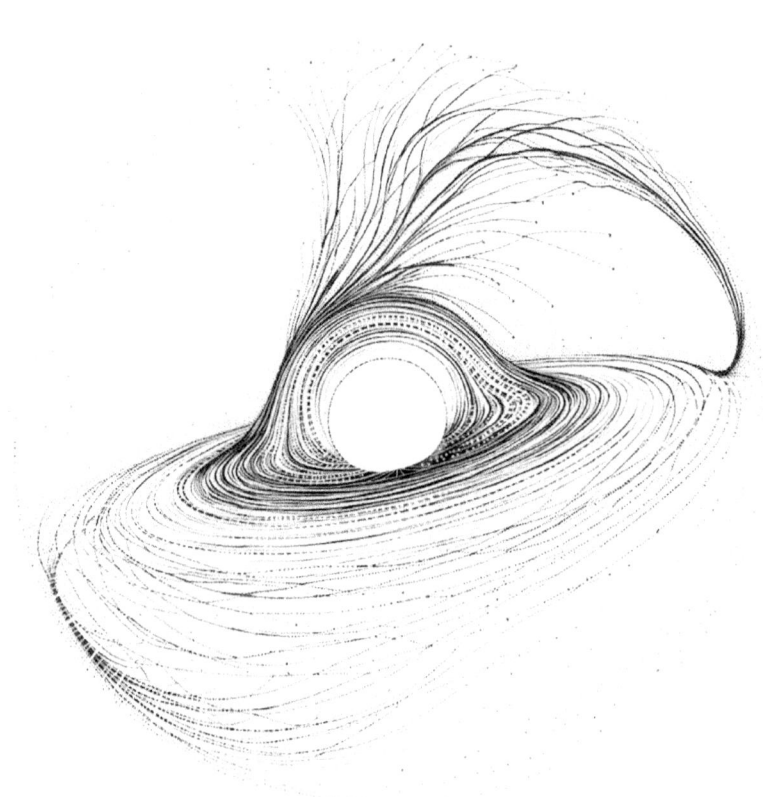

ESPIRITUALMENTE
FÍSICO

Las instrucciones de Jesús localizadas en el siguiente versículo deben ser nuestra principal prioridad; créeme, el proceso se vuelve cada vez más fácil a medida que tu confianza crece con cada momento que te mantienes presente.

> *"Buscad primero el Reino de Dios y su justicia, y todas estas cosas se os darán por añadidura"*
>
> Mateo 6:33 WEB

Este capítulo no sólo nos animará a reconectar con nuestros orígenes, sino que también nos proporcionará herramientas. Nos daremos cuenta de que lo que siempre hemos buscado experimentar siempre ha existido en el "eterno presente" cuando se mira a través de la lente de renacimiento. ¿Por qué? Porque estamos en Su reino mientras permanezcamos en el eterno momento presente.

La resurrección de Jesús como Cristo fue el acontecimiento más transformador de la historia de la humanidad. Aunque el mundo físico de la humanidad parecía no haber cambiado, los cielos y la tierra experimentaron una transformación eterna. El Reino de Dios reclamó la autoridad sobre los reinos visibles e invisibles, aunque permaneció invisible para aquellos que utilizan sus sentidos para navegar por la vida.

El poder de esa resurrección es accesible a cualquiera que busque la verdad sobre nuestros orígenes y propósito, pero encontrarla exige un cambio de perspectiva. Jesús llamó al arrepentimiento, pero muchos creen que significa simplemente d ejar de cometer los actos físicos definidos por la ley de Moisés en la Biblia como pecado.

Debemos rechazar la creencia de que alguien que no sea el Espíritu Santo pueda interpretar verdaderamente la Palabra de Dios. Jesús cumplió el Antiguo Pacto, y a través de Su resurrección, estableció un nuevo pacto, permitiéndote encarnar Su Palabra viviente. Esta perspicacia mostrará que aquellos de nosotros en pacto con el Cristo viviente somos el Nuevo Testamento, no los libros en la Biblia que siguen a la página que proclama "Nuevo Testamento".

Esto se convertirá en algo más que un concepto una vez que estudie este libro.

El deseo de vivir espiritualmente, como exige la Nueva Alianza, implica un nuevo nacimiento que transforma nuestra confianza de materia en espíritu. Esta metamorfosis requiere una comprensión consciente de que, como espíritu, debemos ser guiados por el Espíritu Santo.

Una idea importante que ha dado forma a mi transformación personal es el estudio cuidadoso de las enseñanzas de Jesús. Las siguientes escrituras describen una conversación entre Él y Su Padre, sugiriendo que, cuando se entiende a través de la lente del presente eterno, Él continúa conversando con Su Hijo, que reside dentro de aquellos que han hecho un pacto con Su ser resucitado.

> *"No he hablado por mi cuenta. Al contrario, el Padre que me ha enviado me ha dicho lo que debo decir y cómo debo decirlo. Sé que lo que Él manda es vida eterna. Todo lo que digo es lo que el Padre me dijo que dijera".*
>
> Juan 12:49-50 GWT

Las escrituras describen las conversaciones con el Padre en tiempo pasado, pero basándome en mis experiencias, esa descripción es engañosa. Somos espíritu, que es atemporal, lo que significa que las palabras existen en el presente, y el lenguaje creado desde esta dimensión no transmite adecuadamente su intención o significado.

El momento presente trasciende nuestra comprensión actual, que está limitada por los conocimientos que hemos adquirido dentro de los límites establecidos por el pasado y el futuro. Por eso Jesús insiste en que sus palabras son espíritu.

Cuanto más nos ocupamos del presente, menos vagan nuestros pensamientos por preocupaciones pasadas y distracciones futuras. Esta constatación alimenta la atención plena en medio del caos. Recuerdo momentos en los que concentrarme en el presente permitió al Espíritu Santo desvelar respuestas a preguntas que me había planteado años atrás.

Este momento desencadenó mi transición del mundo físico al espiritual, conduciéndome a un encuentro asombroso en el que me encontré ante un espejo que no reflejaba nada. En ese momento, oí Su voz revelando que aunque el espíritu no tiene forma física, resuelve problemas dentro de nuestra existencia física sin requerir sabiduría de este reino.

Adán fue creado de la forma que Jesús describió como "nacer de nuevo" a Nicodemo; sin embargo, como espíritu, necesitaba un cuerpo físico para gobernar la tierra que estaba destinado a gobernar. Por el contrario, Jesús nació en la carne, pero había una diferencia crucial. Su encarnación le permitió heredar la sangre de su Padre, que se transmite a todo aquel que renace espiritualmente a través de Él. Así, el nuevo nacimiento que explicó a Nicodemo requiere que toda carne reciba una transfusión divina de Su sangre.

Al nacer, todos compartimos la condición del Adán caído, razón por la cual Dios envió a Jesús como el último Adán para ilustrar la verdadera esencia de la vida como espiritualmente física. En otras palabras, Jesús era todo carne y todo Dios, que es lo que significa ser espiritualmente físico.

Su resurrección sirvió como prueba definitiva de que cumplió todas las profecías sobre Él, a pesar de las numerosas interpretaciones de las Escrituras que sugieren un escenario diferente.

Además, restableció el reino de Dios en la tierra en los cuarenta días previos a Su ascensión.

> *hasta el día en que fue llevado al cielo, después de dar instrucciones por medio del Espíritu Santo a los apóstoles que había elegido.*
>
> **A estos hombres se les mostró después de su muerte y les dio amplias pruebas de que estaba vivo: fue visto por ellos durante un período de cuarenta días** *y les habló del reino de Dios.*
>
> Hechos 1:2-3 REB

Se movía entre los discípulos en la Tierra, a menudo desapercibido, transmitiendo mensajes a través del Espíritu Santo. Los individuos que han nacido de nuevo caminan hoy por la Tierra, espiritualmente pasados por alto por aquellos centrados en el mundo material.

A menudo malinterpretamos las escrituras debido a nuestro enfoque natural en lo físico en lugar de lo espiritual. Nuestra familiaridad con nuestro estado físico y nuestros sentidos nos hace hacer suposiciones inconscientes desde esa perspectiva, en lugar de confiar en El Espíritu para guiarnos de vuelta a nuestro conocimiento preexistente.

El tesoro que llevamos dentro es más valioso que nada en esta dimensión. Podemos aprovechar esos dones a voluntad. Sin embargo, nuestra capacidad de atención es indisciplinada; ¡reconocer esto es el primer paso para desbloquear nuestras riquezas interiores!

CAPÍTULO 4 **ESPIRITUALMENTE FÍSICO**

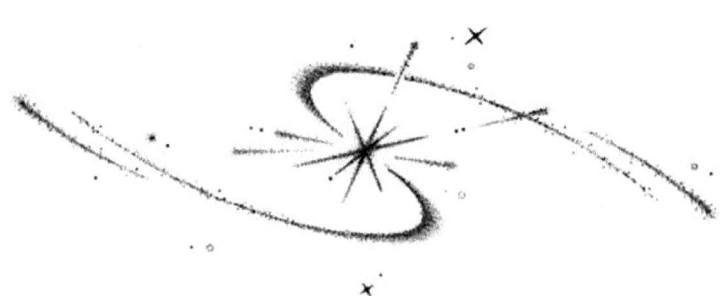

CAPÍTULO 5

TRANSFUSIÓN
DIVINA

La única manera de encontrar el reino de Dios es a través del "nuevo nacimiento" descrito a Nicodemo. Este capítulo proporcionará claves que, cuando se usan con su conocimiento actual, abrirán sus ojos espirituales a lo que siempre ha existido.

El origen de todas las cosas terrestres fue celestial, incluida la idea de Dios para la humanidad. Sin embargo, todas las criaturas de la Tierra nacen vistiendo su traje terrestre físico, que es su derecho de nacimiento como ciudadanos de esta dimensión física.

Dios no se sorprendió por la incredulidad del hombre, ya que siempre tuvo un plan de redención que implicaba el sacrificio final de Jesús. Él sacrificó Su sangre, adquirida fuera de esta dimensión, para expiar la incredulidad del hombre.

La transfusión divina era la redención oculta que ni siquiera satanás conocía, o nunca habría crucificado a Jesús.

El diseño original, antes de la incredulidad del hombre, era transmitir la sangre de Adán como hijo de Dios a toda la creación. Sin embargo, una de las funciones del Espíritu Santo en la actualidad es la preservación de la humanidad mediante el mantenimiento de la fuerza vital física en forma de sangre.

> *Porque tres son los que dan testimonio en el cielo: **el Padre, el Verbo y el Espíritu Santo**, y estos tres son uno.*
>
> *Y tres son los que dan testimonio en la tierra: **el espíritu, el agua y la sangre**; y estos tres concuerdan en uno.*
>
> 1 Juan 5:7-8 LBLA

Jesús encarnó maravillosamente al Padre como Verbo y como Agua, haciendo de su sacrificio un profundo don que ofrece a la humanidad la oportunidad de renacer. Las Escrituras hablan bellamente de la armonía en el cielo y en la tierra como "testimonio", que yo interpreto como estrechamente vinculado a la alianza.

Es interesante observar que el Arca de la Alianza también se conoce como el Arca del Testimonio. Dios realmente habita dentro de los pactos que establece, y creo que el Nuevo Nacimiento representa el primer paso en la formación de nuestro pacto con el Cristo resucitado.

El agua y la sangre son dos de los elementos más esenciales para nuestra vida en la Tierra, y ambos tienen su origen más allá de esta dimensión, en el Espíritu Santo. Esta es la razón por la que Jesús estaba compartiendo con Nicodemo que el concepto de renacer debe ser visto desde una perspectiva celestial, animándonos a arrepentirnos.

Jesús le respondió: "Te aseguro, te lo digo muy solemnemente, que a menos que una persona nazca de nuevo (de nuevo, de lo alto), no podrá ver jamás (conocer, saber y experimentar) el reino de Dios."

Nicodemo le dijo: "¿Cómo puede un hombre nacer siendo viejo? ¿Puede volver a entrar en el vientre de su madre y nacer?".

Jesús respondió: "Os aseguro, os lo digo solemnemente, que el que no nazca del agua y del Espíritu no puede entrar en el Reino de Dios.

> *Lo que es nacido de [de] la carne es carne [de lo físico es físico]; y lo que es nacido del Espíritu es espíritu."*
>
> Juan 3:3-6 AMP

Jesús imparte mensajes que resuenan a un nivel espiritual, animándonos a conectar con el Espíritu, que es la verdadera fuente de iluminación respecto a Sus palabras. Aunque numerosas iglesias se esfuerzan por dilucidar el concepto de nacer de nuevo a través de la salvación, las personas que han pasado por esta experiencia comprenden que ¡abarca una profundidad mucho mayor que simplemente eso!

Por ejemplo, Jesús necesitó un útero físico para su nacimiento terrenal. Sin embargo, tras su resurrección, se transformó maravillosamente tanto en el Reino de Dios como en el vientre espiritual a través del cual somos bautizados en agua y Espíritu. Él encarnó la plenitud de este tesoro al compartir que un "nuevo nacimiento" es esencial para entrar en el reino invisible de Dios.

Esto puede parecer imposible para la mente analítica, pero por eso Jesús utilizó la palabra arrepentirse, que significa cambiar la forma de pensar. Por eso es inútil intentar comprender los asuntos espirituales con una mentalidad mundana. Puedes verlo claramente en los siguientes versículos:

> *"El viento sopla donde quiere y oyes su sonido, pero no sabes de dónde viene*

> *ni adónde va. Así sucede con todo el que ha nacido del Espíritu".*
>
> *"¿Cómo es posible todo esto?", preguntó Nicodemo.*
>
> **"Si os he hablado de cosas terrenales y ninguno de vosotros me cree, ¿cómo me creeréis si os hablo de cosas celestiales?".**
>
> <u>Juan 3:8-9,12 WEY</u>

Para volver a nuestro origen y permitir que el Espíritu Santo reprograme nuestra mentalidad condicionada, debemos "nacer de nuevo". Esto no es sólo un concepto; significa la muerte de la autoimagen programada formada por nuestro condicionamiento. La única manera de superar nuestra condición mental es renaciendo.

Jesús compara el renacimiento espiritual con el viento, subrayando que el hecho de que algo sea invisible no significa que carezca de existencia o poder. Esto subraya la importancia de explorar los misterios y el profundo significado de Su resurrección.

La resurrección de Cristo ha transformado permanentemente nuestra existencia, pero cada persona debe descubrir esa verdad por sí misma. La vida que llevamos hoy refleja nuestras creencias, y estas creencias tienen repercusiones

en este mundo. Por eso Jesús nos exhortó a buscar Su reino, un lugar libre de tales consecuencias.

Él es, fue y representará eternamente la esencia del reino de Dios, que Él proclamó y ordenó que todos los individuos hicieran prioritario como objetivo de su vida física.

Nuestro énfasis en lo físico después de entrar en este reino es totalmente natural. Sin embargo, debemos recordar nuestros orígenes, ya que esto es vital para experimentar la alegría que Dios nos ha preparado con gracia desde el principio, como se afirma elocuentemente en Efesios 1:4.

> *...así como, por su amor, **nos escogió como suyos en Cristo antes de la creación del mundo**, para que fuésemos santos y sin mancha en su presencia.*
>
> Efesios 1:4

Con infinito amor, Dios ofreció la salvación a todos en la crucifixión; sin embargo, fue a través de Su resurrección que pudimos reconectarnos con nuestra esencia espiritual, permitiéndonos experimentar esta vida terrenal como espiritualmente física.

Mantener la atención en La Palabra modifica gradualmente nuestra forma de pensar. Cuanto más cultivamos esta conciencia a lo largo del tiempo, más extraordinarias se vuelven

nuestras vidas. A lo largo de este libro insistiré constantemente en este tema, con la esperanza de que, si no recuerdas nada más, esta idea resuene profundamente en tu subconsciente.

Pocas palabras pueden transmitir adecuadamente la profunda paz que se respira en Su reino, pues no hay sombras que inciten al miedo. Además, es esencial tener presente en que uno nunca llega del todo, porque, como comprenderás, nunca abandonamos nuestro lugar en Él.

Comienza donde estás y observa atentamente el momento presente, junto con tus pensamientos. Esta práctica permite al Espíritu Santo guiar tu atención hacia las verdades ocultas que tienes ante ti.

Mi principal objetivo a lo largo de este libro es realzar la claridad de Su voz hasta tal punto que trascienda al mismo viento descrito por Jesús a Nicodemo.

Quienes deseen profundizar en el tema del nuevo nacimiento pueden leer mi libro titulado *Sumergidos en Él*.

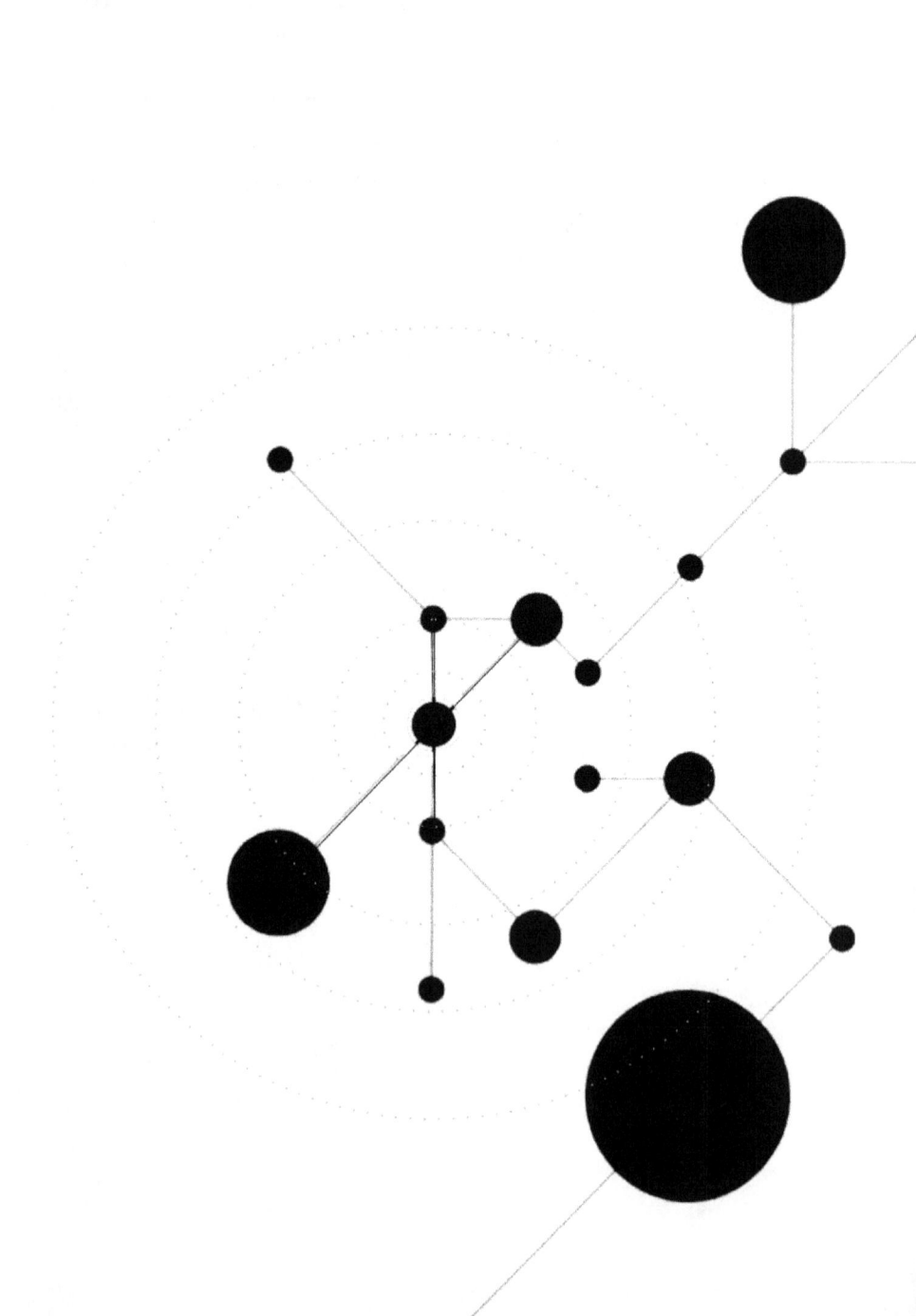

CAPÍTULO 6

¿EN QUÉ **CREE** Y POR QUÉ?

Si los constructores tuvieran que señalar la parte más importante de sus estructuras, la mayoría estaría de acuerdo en que son los cimientos. Este principio es válido no solo para los edificios, sino también para nuestras vidas y las decisiones que tomamos cada día.

Todos los que tenemos la suerte de haber sido criados por padres que se amaban y adoraban a Dios contamos con una clara ventaja a la hora de descubrir el amor de Dios. Asistir a la iglesia no es la única forma que tiene Dios de acercarse a nosotros, pero parece ser un hilo conductor para muchos que buscan respuestas a preguntas importantes, como el propósito de la vida.

La Iglesia ofrece a los individuos una oportunidad extraordinaria de encontrar un amor que va más allá de ellos mismos, a través de Jesús. Sin embargo, pueden surgir dificultades cuando personas formadas en este sistema intentan interpretar la Biblia. Lamentablemente, esto puede llevar a una circunstancia en la que las impactantes enseñanzas de Cristo pierdan su significado y queden oscurecidas por la sabiduría mundana.

A través de las Escrituras y del amor divino, descubrimos una vida más allá de este mundo, sembrando semillas invisibles que florecen en nuestro interior. Estas semillas a menudo despiertan el anhelo de ahondar en los profundos misterios de la vida, inalcanzables a través de la religión, el gobierno o el éxito.

Este anhelo realmente nos anima a explorar significados más profundos en la Biblia, más allá de las interpretaciones típicas que encontramos con frecuencia en diversas iglesias o entornos religiosos. Estoy totalmente de acuerdo con este sentimiento, y creo de todo corazón que el Espíritu Santo nos guía a menudo en esta dirección.

Cuanto más perseguimos nuestro insaciable deseo de respuestas a las preguntas profundas sobre la existencia, más nos acercamos al fuego que se enciende dentro de cada uno de nosotros: el Espíritu

Santo. Sólo Él puede responder a estas preguntas y aclarar las enseñanzas de Jesús.

> *"Sin embargo, el ayudante, el Espíritu Santo, que el Padre enviará en mi nombre, os lo enseñará todo. **Él os recordará todo lo que yo os he dicho**".*
>
> Juan 14:26 GWT

El Espíritu Santo empezó a enseñarme la Biblia desde dentro, a diferencia de los métodos de lectura tradicionales. Nuestro mundo funciona de forma lineal, con principios y finales, lo correcto y lo incorrecto, lo bueno y lo malo. Este movimiento lineal, conocido como "dualidad", es el resultado de la mala elección de Adán y sustenta la sabiduría y la mentalidad de esta dimensión.

Sin embargo, el reino espiritual trasciende estos límites, pues la eternidad es simultáneamente presente e infinita. Además, el lenguaje escrito tiene una dimensionalidad restringida hasta que el Espíritu Santo lo mejora a través de nuestra fe, revelando las cualidades multidimensionales del reino espiritual.

Tal vez recuerdes que, tras el bautismo de Jesús, el Espíritu Santo lo condujo al desierto. El propósito era ver si Jesús, nacido en un mundo gobernado por Satanás, cumpliría su misión o sucumbiría a la tentación, como lo hizo Adán. Naturalmente, pasó esta prueba con éxito y luego comenzó a buscar a sus discípulos.

El término "discípulo" deriva de "disciplina", lo que pone de relieve nuestra preparación individual para reconocer al Espíritu. En mi caso, el ayuno formó parte de mi preparación, aunque el Espíritu utiliza diversos métodos para lograr resultados que son imposibles por cualquier otro medio. Sin disciplina, los misterios de Cristo permanecen ocultos, como se señala en el versículo siguiente:

> **Los discípulos** *se acercaron y le dijeron: "¿Por qué les dices cosas en forma de cuentos?".*
>
> *Y Él les respondió:* **"A vosotros se os ha dado el conocimiento de los secretos** *del reino de los cielos, pero a ellos no les ha sido dado."*
>
> Mateo 13:10-11 BBE

Considérese bendecido si Él lo ha enlistado en Su programa de discipulado. Su vida nunca volverá a ser la misma. La Biblia se abrirá como un pergamino para revelar tesoros ocultos nunca antes vistos, impulsándote más allá de tu *imagen y condicionamiento*.

En primer lugar, aprenderás que gran parte de lo que nos enseñó la Biblia es falso o sólo parcialmente cierto. En segundo lugar, y lo más importante, descubrirás que no somos meros reflejos en un espejo. Esta imagen crea una persona que refuerza nuestra fe equivocada en el reino físico, razón por la cual Jesús afirma lo siguiente:

> *"**La vida es espiritual.** Tu existencia física no contribuye a esa vida. Las palabras que te he dicho son espirituales. Son vida".*
>
> Juan 6:63 GWT

> *"Es el Espíritu Quien da vida la carne no transmite beneficio alguno [no hay provecho en ella]. **Las palabras** (verdades) que os he estado hablando son espíritu y vida."*
>
> Juan 6:63 AMP

La escritura de Juan tiene un profundo significado. Las palabras y enseñanzas de Cristo resuenan en una frecuencia que va más allá de esta dimensión física, y encierran vida y espíritu. La vida trasciende la mera existencia y abarca algo más que un latido o una forma física.

Cuando nuestro estado físico resuena con las palabras de Cristo, nuestra comprensión se transforma. El momento presente sirve como el mejor punto de acceso para comprometerse con esa frecuencia vibratoria. Nuestro origen está enraizado en esta vibración, junto con todas las cosas visibles.

> *Él es antes que todas las cosas, y en Él todas las cosas permanecen unidas.*
>
> Colosenses 1:17

El versículo anterior muestra que Dios no está contenido por la eternidad, sino que la eternidad existe dentro de Él. Al profundizar en nuestra comprensión, podemos recordar nuestra posición en Él, como se indica en el versículo siguiente:

> *según **nos escogió en Él** antes de la fundación del mundo, para que fuésemos santos y sin mancha delante de Él, en amor,*
>
> Efesios 1:4 YLT

Este versículo indica que existíamos en Él antes de la fundación del mundo. Para comprenderlo, debemos encarnar Su Palabra, lo que exige recordar que, fuera de esta dimensión, el lenguaje es luz sin sombras.

Esto puede sonar extraño hasta que te das cuenta de que el Espíritu es Dios y Dios es luz. No se trata de un mero concepto o un cliché, sino que encierra nuestra identidad actual y nuestro origen.

A. CEREBRO Y CUERPO

Cuando investigamos las raíces de nuestras creencias, enseguida nos damos cuenta de que a menudo nos falta claridad sobre cómo se formaron muchos de nuestros puntos de vista y opiniones. Reflexionar sobre ello constituye un primer paso importante y debería ser una práctica diaria.

Aunque las razones de nuestras creencias no estén claras, no debemos alarmarnos. La falta de una respuesta definitiva es preferible a una reacción instintiva a un programa. El primer paso para desaprender nuestras respuestas automáticas es permanecer conscientes en el momento presente. A veces puede dar la sensación de estar en el vacío, pero en realidad se trata de un espacio valioso para explorar.

Cuando el cuerpo se alinea con el cerebro -guiado por el espíritu- se consigue un elegante equilibrio. El reto surge de la tendencia de la mayoría de las personas a dejarse guiar no por el espíritu, sino por sus recuerdos y emociones. Para muchos, el objetivo principal es alcanzar la previsibilidad y la comodidad, lo que impide que el Espíritu Santo nos guíe hacia donde Él desea.

El cerebro funciona como la unidad de procesamiento primaria (CPU) del cuerpo, similar a un disco duro no programado hasta que es moldeado por las frecuencias y vibraciones de su entorno. Este extraordinario órgano puede almacenar recuerdos, liberar neurotransmisores y realizar tareas creativas a velocidades impresionantes. Además, forma una red de recuerdos a corto y largo plazo, construidos a partir de las emociones vinculadas a esas experiencias.

Esencialmente, los recuerdos que afectan más profundamente al cuerpo son los asociados al mayor dolor.

El hipotálamo es un órgano que produce sustancias químicas esenciales en el cuerpo humano para que se correspondan con nuestros sentimientos y emociones. Por ejemplo, cuando una persona experimenta una lesión, tristeza, depresión o euforia, el cuerpo envía una señal al cerebro, incitándolo a liberar los compuestos químicos necesarios que se alinean con el estado emocional correspondiente.

Las próximas secciones y capítulos profundizarán nuestra comprensión de las capas de engaño que han infundido miedo y conducido a elecciones corruptas, cuyas consecuencias infligen dolor y sufrimiento a quienes aprecian al Señor.

B. ADICTOS EMOCIONALES

En las últimas cinco décadas, la población del planeta ha desarrollado una adicción a los sentimientos, sin tener en cuenta sus efectos perjudiciales a largo plazo sobre los órganos del cuerpo. Este afán ha comprometido el equilibrio físico y psicológico de la población, provocando afecciones que sólo el Espíritu Santo puede resolver.

La adicción a emociones como la tristeza, la depresión, la ansiedad, la victimización, la inseguridad, los celos y la amargura, entre otras, ha deteriorado gravemente la capacidad del organismo para producir adecuadamente los compuestos químicos necesarios para satisfacer las necesidades del cuerpo.

En consecuencia, la ciencia ha invertido miles de millones en corporaciones y empresas farmacéuticas para garantizar que las personas estén medicadas desde el nacimiento, lo que en última instancia crea dependencias de por vida y afecta negativamente a los sistemas inmunitarios. Por ejemplo, se exige a los recién nacidos que reciban vacunas al nacer, como la de la hepatitis B, pensada para quienes corren riesgo por haber mantenido relaciones sexuales sin protección.

Obligar a vacunar a los niños con enfermedades hepáticas no es razonable y debería dejar de hacerse. A menudo, el resultado es que muchos bebés se vuelven dependientes de uno de los varios medicamentos asociados con las vacunas, convirtiéndolos de hecho en drogadictos legales de por vida.

Las consecuencias de una población dependiente de la medicación son amplias e intrincadas. Sin embargo, está claro que el miedo alimenta la dependencia de las drogas sintéticas para el alivio inmediato del dolor, causando potencialmente daños considerables a largo plazo en varios órganos.

El beneficio económico motiva la producción de fármacos; si la humanidad abrazara a Cristo resucitado y abandonara el miedo, las empresas farmacéuticas cerrarían. El resultado sería dramático en las generaciones futuras.

Considera esto: el cuerpo, creado por Dios, es secuestrado por la promesa de alivio del dolor a través de productos químicos sintéticos que en última instancia te esclavizan. Las mentiras que creemos provienen de nuestro condicionamiento y énfasis en la carne sobre el espíritu.

Curiosamente, los individuos pueden experimentar emociones físicamente, incluso en ausencia de desencadenantes externos. Esto indica que los miedos irracionales asociados a traumas pasados permanecen como recuerdos. Cuando nos aferramos a estas emociones, se complica nuestra capacidad para concentrarnos en cualquier cosa más allá del mundo tangible.

La hermosa conexión entre el cerebro, la mente, la materia y el espíritu está profundamente entrelazada, ya que Dios creó todo desde dentro de sí mismo, que es espíritu. **Por eso es tan importante que nos centremos en la totalidad y comprendamos que la separación no es más que un producto del sistema de este mundo diseñado para controlar a la población a través del miedo.**

Todas las formas de energía comunican su presencia a través de la frecuencia, lo que elimina la necesidad de que las gacelas determinen si un león es un adversario o un aliado. Instintivamente perciben la naturaleza del león a través de su frecuencia vibratoria, que sirve como mecanismo de comunicación no verbal inherente a toda la creación de Dios. Cada entidad de la creación de Dios oscila tanto dentro como fuera de esta dimensión.

Toda la materia está formada por átomos que funcionan como ondas de energía hasta que tú, como observador consciente, conviertes lo desconocido en una imagen concreta, fenómeno al que nos referimos como "el colapso de una onda". Estas ondas permanecen interconectadas con Dios. Esta conexión nos sirve de fuente y refugio, a menos que elijamos separarnos de este estado centrándonos en acontecimientos pasados o reflexionando sobre el futuro.

Como creadores, tenemos la libertad de pensar y creer como queramos. Esto permite a muchas personas aprovechar su voluntad y creatividad para crear un mundo lleno de personajes que evocan emociones y dramatismo. Reconocer este papel es uno de los beneficios de permanecer presente.

Recuerda que nada es intrínsecamente bueno o malo hasta que tomamos una decisión. Sin embargo, si creemos en nuestra imaginación, encarnaremos un personaje en el mundo que creamos. Este proceso suele comenzar con el deseo de experimentar algo que fomente la singularidad en lugar de la unidad.

Muchas visitas al médico surgen de dolencias percibidas alimentadas por el miedo, lo que lleva a los pacientes a aceptar diagnósticos de una profesión que hace hincapié en el lenguaje de la muerte, ya que su modelo de negocio prospera con la enfermedad y no con la salud.

Los médicos y los científicos suelen percibir el cuerpo como una máquina compuesta de diferentes partes. Este punto de vista limita su comprensión del cuerpo como un organismo cohesionado y pasa por alto los efectos del miedo y la imaginación. Como consecuencia, el tratamiento se centra en los síntomas y se basa en medicamentos que, en última instancia, pueden dañar el organismo.

Se da nombre a cada enfermedad, lo que anima a las empresas farmacéuticas a colaborar con los fabricantes de medicamentos en campañas mediáticas que promocionan sus productos. Como resultado, los telespectadores suelen identificarse con los síntomas presentados, lo que les incita a consultar a su médico de cabecera.

La enfermedad, como todos los fenómenos físicos, existe en el interior de un ser consciente antes de manifestarse en este reino. La ciencia cuántica revela que todas las existencias posibles ya están presentes, pero se actualizan cuando un observador consciente interactúa con un pensamiento o una imagen. Una enfermedad suele aparecer cuando un ser consciente piensa o menciona con frecuencia el nombre diagnosticado por el médico para la enfermedad.

Las personas que abrazan la conciencia habitan

plenamente el vibrante momento presente y son bendecidas con increíbles dones espirituales. Este maravilloso estado capacita a las personas para trascender el miedo, fomentando una profunda confianza en que Dios ya ha provisto todas sus necesidades. Esto realmente ofrece sólo un atisbo del extraordinario poder que Dios ha otorgado generosamente a aquellos que eligen no tener miedo.

Desde mi experiencia, aceptar la responsabilidad de mis circunstancias permite al Espíritu Santo desvelar al Cristo resucitado, elevándome más allá de mi estado y situación percibidos. Tristemente, muchos individuos se ven a sí mismos como víctimas, fortaleciendo y validando su condición actual.

C. PENSAMIENTOS Y MENTE

Después de todo, ¿quién lo sabe todo sobre una persona, excepto su propio espíritu? Del mismo modo, nadie lo sabe todo sobre Dios, excepto su Espíritu.

Ahora bien, no recibimos el espíritu que pertenece al mundo. En cambio, recibimos el Espíritu que viene de Dios para que pudiéramos conocer las cosas que Dios nos ha dado gratuitamente.

No hablamos de estas cosas usando enseñanzas basadas en argumentos intelectuales como hace la gente. En

> *cambio, usamos las enseñanzas del Espíritu. Explicamos cosas espirituales a aquellos que tienen el Espíritu.*
>
> 1 Corintios 2:11-13 GWT

Una de las cartas más significativas de Pablo a los corintios, que estaban muy influidos por la filosofía griega, sigue siendo relevante hoy en día. Nos enseña que nuestro condicionamiento y nuestra mentalidad suelen ser los mayores obstáculos para comprender la verdad.

Esta sección sirve de guía para ayudarte a mantenerte centrado y consciente de tu condición. Comprender tu verdadera esencia como espíritu te dotará, en última instancia, de las herramientas necesarias para la vida, a la vez que capacitará al Espíritu Santo para ordenar tus pasos.

Por lo tanto, consulte esta sección con más frecuencia a medida que aumente su capacidad de atención, porque lo que lea ahora ampliará su ancho de banda o percepción a medida que aumente su atención.

Hemos descubierto que nuestros pensamientos transportan energía espiritual que transformará los átomos en nuestras creencias. La velocidad de esta transición depende de nuestra unidad espiritual.

En otras palabras, si nuestra mente y nuestro corazón están al unísono con la idea o el pensamiento, la manifestación es visible, independientemente de lo que informen nuestros sentidos. ¿Por qué? Porque fuera de este reino del tiempo/espacio todo ya es.

El pensamiento exige energía y concentración, mueve átomos y genera vibraciones. Nuestra dependencia de lo predecible -alimentos, personas y acontecimientos- refuerza los patrones diarios, haciendo que la vida sea predecible. Este patrón surge del miedo, obstaculizando la guía del Espíritu Santo.

Esto forma un entorno o ancho de banda que proporciona seguridad a nuestros cuerpos y cerebros, haciendo que nuestros pensamientos permanezcan anclados en el pasado o en el futuro. El miedo a la muerte es el estímulo más eficaz que se necesita para programar el comportamiento en este planeta.

Aprendemos a tener miedo como parte de nuestro condicionamiento, que nos obliga a aprender qué decisiones tomar para protegernos de situaciones que no podemos controlar ni predecir.

Este condicionamiento inicia un ciclo de tomar las mismas decisiones, generar los mismos sentimientos y producir las mismas experiencias, reproduciendo en última instancia el mismo comportamiento.

La ciencia afirma que generamos unos 70.000 pensamientos al día, de los cuales el 90% son idénticos. Esto da lugar a las mismas experiencias y resultados que el día anterior, creando un ciclo interminable de elecciones programadas.

Por eso podemos generar los mismos sentimientos en nuestra mente sin ninguna influencia externa. También por eso la gente experimenta ataques de pánico y otras dolencias sin que ningún desencadenante externo instigue la afección.

Desde que nacemos, el condicionamiento inconsciente que experimentamos influye profundamente en la imagen que tenemos de nosotros mismos en el espejo. Esta relación con la imagen que tenemos de nosotros mismos fomenta una creencia fundamental que puede servir como manta reconfortante, arrullando suavemente a muchos en un estado de ensueño mientras viajan por la vida.

La mente es espiritual y está diseñada para conectarse con Dios, pero lograr esta conexión requiere permanecer presente, lo que consume una gran cantidad de energía. Sin embargo, cultivar la conciencia en realidad conserva la energía, lo que permite pasar períodos más largos en el reino espiritual mientras se opera dentro de esta dimensión.

> *¿Quién conoce la mente del Señor para ser su maestro? Pero nosotros tenemos la mente de Cristo.*
>
> 1 Corintios 2:16 BBE

El momento presente es genuinamente eterno y no lineal, y nos ofrece la alegría de experimentar múltiples dimensiones. Una de las primeras señales de que nos hemos desviado de este hermoso estado es cuando empiezan a invadirnos pensamientos del pasado o del futuro. Cuando esto ocurra, simplemente observa este fenómeno sin juzgarlo. La respiración estabiliza nuestro sistema nervioso e induce a la calma. Resistir el miedo nos ayuda a encontrar la quietud interior.

Los pensamientos existen como ondas y partículas, y adoptan una forma elíptica cuando se experimentan en el momento. Al centrarnos constantemente en el presente, mejoramos las frecuencias, transformando los patrones de longitud de onda en formas espirales. Este cambio modifica nuestro ancho de banda y agudiza nuestra percepción. Estos estados trascienden los límites del tiempo, a menudo pasados por alto por quienes se centran en preocupaciones materiales o sensaciones físicas. Esta práctica es esencial si quieres cambiar tu percepción y elevar tu conciencia.

Los pensamientos sobre el pasado y el futuro crean patrones de ondas que nos mantienen atrapados por sentimientos como la carencia, el dolor o el deseo. Esto es evidente cuando alguien conduce durante horas, sólo para darse cuenta de que no era consciente de su viaje.

En otras palabras, el cerebro controla a menudo nuestra atención, pero reconocer esta lucha nos hace más sabios y resistentes contra las distracciones. Con el tiempo, tu conciencia aumentará a medida que seas cada vez más consciente de la tendencia del cerebro a desviar tu atención con miedos distractores del pasado.

El reino invisible descubre la verdad de esta dimensión, mostrando que lo que vemos son sombras sin sustancia. La mentalidad formada por nuestra interacción con la eternidad aumenta nuestra percepción y nuestra capacidad de atención más allá del mundo físico. Debes explorar esto por ti mismo para experimentar verdaderamente el lugar que te corresponde en los reinos celestiales.

La mente de Cristo genera pensamientos que resuenan en frecuencias más allá de esta dimensión, que son eternas. A medida que adquirimos una comprensión más profunda del reino invisible, nos encontramos menos influenciados por las ilusiones que antes aceptábamos como realidad. Esto nos permite interpretar las Escrituras de un modo que difiere notablemente de las enseñanzas anteriores.

Recuerda, ¡eres un espíritu! Siéntete inspirado. Tu viaje no tiene límites. En el fondo, siempre hemos sabido esta verdad, pero puede que no la hayamos asumido del todo hasta ahora. Ahora tenemos la capacidad y el deseo de disfrutar de cada momento.

CAPÍTULO 6 ¿EN QUÉ CREE Y POR QUÉ?

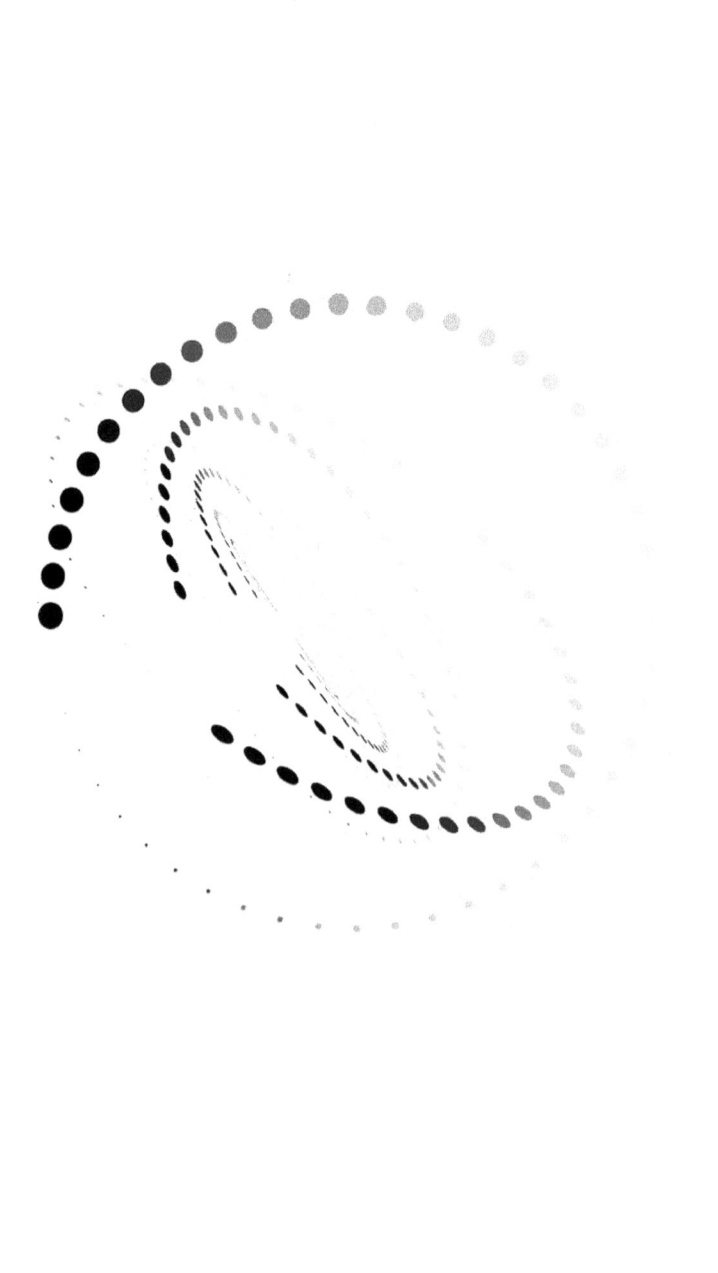

DINERO E IMAGINACIÓN

Esta sección destaca la imaginación como la fuerza impulsora detrás de nuestra creencia en las ilusiones del dinero como medio principal para validar nuestra separación dentro de esta dimensión. Por ejemplo, individuos de todos los ámbitos de la vida, incluidos la religión, la política, la educación y la familia, invierten mucho tiempo y energía en el concepto del dinero. ¿A qué se debe esto?

Esta dimensión es material, por lo que debe existir un medio para adquirir materia conocido como dinero. Sin embargo, la moneda carece de vida o muerte, y no posee alma o espíritu. Como muestra el versículo siguiente, esto no impide que la gente la ame.

> *porque raíz de todos los males es el amor al dinero,*
>
> 1 Timoteo 6:10(a)

Los seres humanos estamos condicionados a creer que el dinero da la libertad de elegir una creencia que refleja nuestra fe en los cuentos de hadas, que nace de nuestro miedo a la muerte.

Algunos grupos religiosos asocian la prosperidad, a menudo vista como riqueza material, con la fe. Citan un versículo de Pablo en Gálatas 6:7, que dice: *"Porque todo lo que el hombre sembrare, eso también segará"*. Esta escritura es cierta debido a las leyes que operan dentro de esta dimensión limitada de la dualidad. Además, aclara por qué Dios estableció la Ley temporalmente en este reino y explica la manifestación física de nuestros pensamientos y creencias.

Este principio es la base de la física clásica, como ya hemos dicho. Sin embargo, la verdadera prosperidad del reino la describe Jesús en Mateo. Por lo tanto, si queremos vivir vidas "espiritualmente físico" como Jesús, debemos entender genuinamente el siguiente versículo:

> *"Mirad las aves que vuelan por los aires: ellas no siembran, ni siegan, ni almacenan en graneros, pero vuestro*

CAPÍTULO 7 — DINERO E IMAGINACIÓN

> *Padre celestial las alimenta: ¿no sois vosotros de mucho más valor que ellas?".*
>
> Mateo 6:26 WEY

Jesús representa la prosperidad en Su reino, mientras que Pablo esboza los principios del sistema mundano definido por la ley que Jesús cumplió. Aquellos en un pacto con Jesús frecuentemente se encuentran operando bajo la ley, lo que puede llevar a un amor por el dinero.

Esto sucede porque muchas iglesias se centran en mensajes basados en la ley que destacan la prosperidad a través de la siembra y la cosecha. Tales enseñanzas sutilmente mantienen a los individuos atrapados dentro de este sistema mundano.

Pero Cristo y Su reino son ahora el reino gobernante, y como Él dijo, *"es Su placer darnos ese reino"*. Elijo creerle y operar con esa creencia, luchando contra pensamientos e imaginaciones que sugieren que necesito dinero para la felicidad, la seguridad y la prosperidad.

Mantener la concentración en el momento anula los pensamientos de carencia. ¿Por qué? El reino físico funciona más despacio que el espiritual, lo que pone de relieve que el miedo (nuestra fuente de ansiedad y separación) es una ilusión.

Así pues, nuestra fuente de provisión está diseñada para estar en armonía con nuestra conciencia. Cuando nos damos cuenta de que siempre hemos tenido lo que necesitamos, disminuye el impulso de confirmar esta verdad mirando nuestro saldo bancario. Cuanto más adoptamos esta mentalidad, más rápidamente aparece la abundancia en nuestras vidas.

He aquí una técnica que he practicado y que transforma mi mentalidad. Abraham conocía este principio, por eso pudo ver el *día de Jesús* y alegrarse.

> *"Tu padre Abraham se regocijó al ver Mi día. Lo vio y se alegró"*
>
> Juan 8:56 NKJ

Cuanto menos dependamos de las creencias basadas en el miedo, más podremos adoptar una perspectiva infantil, sobre todo en la imaginación. Por ejemplo, los niños se montaban a horcajadas en escobas como si fueran caballos. Esta inocencia juguetona se desvaneció cuando empezamos la escuela y aprendimos a ver los comportamientos de los adultos como normales. El día que empezamos a adoptar ese comportamiento perdimos la inocencia y la capacidad de ver el reino de Dios. De hecho, Jesús lo dijo más profundamente en el versículo siguiente:

> *"Puedo garantizar esta verdad: Quien no recibe el reino de Dios como lo recibe un niño pequeño, no entrará jamás en él".*
>
> Lucas 18:17 GW

CAPÍTULO 7 — DINERO E IMAGINACIÓN

Abraham celebró incluso antes de que Jesús viniera a la tierra, ya que su fe infantil resonaba con la realidad del reino espiritual que existe más allá del tiempo y el espacio. Esto ilustra la fe en acción fuera del tiempo, donde todas las posibilidades están presentes.

Jesús no sentía atracción por este reino, ya que su atención estaba centrada en ver y oír el reino invisible. Este versículo ilustra bellamente esa condición.

> *Le trajeron una moneda. Él les dijo: "¿De quién es este rostro y este nombre?". Ellos le respondieron: "Del emperador".*
>
> Marcos 12:16 GWT

La escritura ilustra bellamente una mentalidad que prospera independientemente de este sistema como su fuente. Curiosamente, Jesús ni siquiera sabía cómo era el César, y sin embargo ofreció su profunda respuesta basada en los principios de la justicia.

> *"Da a todo el que te pida algo, y cuando alguien te quite lo que es tuyo, no le pidas que te lo devuelva".*
>
> Lucas 6:30 GWT

Además, ¿cuántas personas están dispuestas a dar sin esperar nada a cambio? Esto refleja una desconexión tan profunda del mundo material que es evidente por qué podría centrarse fácilmente en el aspecto espiritual.

Si generar ingresos es nuestro objetivo, debemos invertir tiempo y energía en este empeño. Este deseo es razonable, siempre que no tenga prioridad sobre la búsqueda del reino de Dios. El principal problema es que entender este sistema requiere abrazar principios que minan la energía que necesitamos para permanecer presentes.

Jesús operó dentro de la "orden de Melquisedec" y demostró que podemos tener todas nuestras necesidades satisfechas en abundancia mientras mantenemos la comunicación con el reino espiritual, que siempre ha sido el diseño.

Si vemos la vida como algo material y no espiritual, canalizaremos nuestra energía espiritual hacia esa creencia, volviéndonos más materiales y menos espirituales. En consecuencia, podemos perder nuestra capacidad de escuchar al Espíritu Santo, que proporciona verdaderas soluciones a nuestros problemas.

El miedo a la muerte es el principio fundamental de este mundo y está íntimamente ligado a las doctrinas del éxito. Esencialmente, quienes alcanzan el éxito aquí se doblegan ante múltiples temores y confían en la misma sabiduría en la que se basó Adán para alcanzar sus objetivos. Esto fomenta sutilmente una dependencia de este mundo para sus necesidades, al tiempo que descarta lo que no puede ser verificado por sus sentidos.

Como aquellos que estaban en Él antes de la fundación del mundo, estamos llamados a abrazar Su obra completada. La fe requiere que comprendamos esta verdad más allá de nuestras percepciones sensoriales y que rechacemos cualquier pensamiento contrario de nuestras mentes condicionadas.

Su muerte y resurrección revelan que todas las experiencias que buscamos ya existen dentro de nosotros. En lugar de buscar estas experiencias externamente, tenemos que reconocer que ya forman parte de lo que somos. Nuestras creencias son las únicas barreras que nos impiden acceder a los tesoros de esta realización.

La resurrección trasciende el tiempo y el espacio, revelando mis comienzos en Él. La imaginación evoluciona hacia la certeza de lo que comprendo. Este es el resultado de la resurrección.

Mi alianza con Cristo me proporciona Su visión, comenzando y concluyendo cada día en la resurrección sobre la muerte. Cada día comienza y termina con la resurrección sobre la muerte, la enfermedad y el desastre para todos los que conozco o conoceré.

LENGUAJE
CUÁNTICO

Cuando termines esta sección, recordarás tu inmenso poder y desecharás cualquier pensamiento de impotencia o victimismo. Además, te comprometerás con la increíble mente de Dios, que ha diseñado dimensiones ilimitadas para aquellos lo suficientemente valientes como para confiar en lo invisible.

Por ejemplo, Jesús se movía entre los reinos visible e invisible con tanta gracia que, si no se presta atención, se le puede percibir como un hombre corriente que habla con normalidad. Sus palabras son espíritu; cada vez que las leemos, podemos transformarnos en otra dimensión más allá de nuestras zonas de confort.

El Apocalipsis ilustra el esfuerzo de Juan por transmitir visiones de Cristo resucitado. Su alianza con Cristo le llevó a experimentar revelaciones más allá de lo que pueden expresar las palabras de la Biblia.

> *Entonces vi a otro ángel fuerte que bajaba del Cielo. Estaba envuelto en una nube, y sobre su cabeza había un arco iris. Su rostro era como el sol, y sus pies parecían columnas de fuego.*
>
> *En la mano llevaba un pequeño pergamino desenrollado; y, plantando el pie derecho sobre el mar y el izquierdo sobre la tierra,*
>
> *gritó con una voz fuerte que parecía el rugido de un león. Y cuando hubo clamado, cada uno de los siete truenos emitió su propio mensaje.*
>
> Apocalipsis 10:1-3

El rostro del ángel es el sol, o la primera luz del día en el Génesis, o Jesús en el Monte de la Transfiguración, que define nuestro origen, y su voz como el trueno, descrito varias veces en las Escrituras cuando Dios hablaba a su Hijo.

El ángel al que se hace referencia en los versículos anteriores representa a Jesús, que cumple la ley y los profetas, lo que significa el fin del Antiguo Testamento.

Todo comenzó con el pacto inicial de Dios, simbolizado por el arco iris tras el diluvio. Este pacto, hecho con Noé y todas las criaturas vivientes de la tierra, significaba que Él nunca más destruiría Su creación.

El ángel se para sobre la tierra seca y el mar, simbolizando la separación del Mar Rojo durante la huida de los israelitas de Egipto. El rollo representa Su ley que salvó a Israel, y Jesús la cumplió, terminando así Su pacto con Israel.

Dios cumplió Sus pactos con Sus diversos siervos, un tema que se desarrollará en este libro, para asegurarnos tanto a ti como a mí que podemos entrar individualmente en un pacto con Cristo tras Su resurrección.

Nuestra alianza personal con Cristo resucitado es, sin duda, el aspecto más significativo de nuestras vidas. No sólo sirve como el propósito principal de este libro, sino que también proporciona soluciones para cualquier desafío que pueda encontrar.

Mi búsqueda de un lenguaje que exprese nuestra condición espiritual me llevó a explorar la física cuántica. Sin embargo, no tenía formación formal en este campo, por lo que dependía por completo del Espíritu Santo para conectar los puntos, por así decirlo.

Descubrí que sustituir la palabra "espíritu" por "energía" y "carne" por "materia" me proporcionaba una nueva perspectiva sobre el renacimiento. Aunque estos versículos pueden resultarme familiares, su interpretación a través de una lente cuántica ha profundizado mis conocimientos.

> *"Lo que nace de la carne es carne y lo que **nace del espíritu es espíritu.***
>
> *No te asombres de que te haya dicho:* ***Es necesario nacer de lo alto.***
>
> ***El viento sopla donde quiere, y se oye el ruido que hace, pero no se sabe de dónde viene ni a dónde va; así sucede con todo el que ha nacido del Espíritu."***
>
> Juan 3:6-8 NAB

Lo que Jesús dijo fue revelado a los científicos casi 2000 años después, cuando descubrieron que toda energía existe como ondas y como partículas. Los físicos cuánticos demostraron que la energía permanece en forma de onda hasta que se manifiesta en nuestra dimensión como materia, que representa el aspecto de partícula de la onda.

Los físicos llaman **onda** a este proceso de **colapso**, y si se cambian las palabras energía y materia por espíritu y carne, se obtiene una imagen de renacimiento a la inversa.

Así, el nuevo nacimiento no es verdaderamente un nuevo nacimiento en el reino espiritual porque somos espíritu. Por lo tanto, en lugar de colapsar la onda, regresamos como la onda del espíritu de vuelta a nuestro origen en Él.

Por eso Jesús comparó esa transformación con el viento invisible. Esto ilustra por qué las palabras de Jesús se consideran espirituales (se originan en ese reino) y por qué nuestro espíritu puede discernir la verdad de esa frecuencia.

> *"La vida es espiritual. Tu existencia física no contribuye a esa vida. Las palabras que te he dicho son espirituales. Son vida".*
>
> Juan 6:63 GWT

Los gobiernos siguen gastando miles de millones de dólares en un intento de comprender qué hace visible el reino invisible o lo que ellos llaman "colapsar la ola".

Por desgracia, la comunidad científica cree que la realidad sólo existe en esta dimensión, descartando lo espiritual. Este punto de vista obliga a depender de los principios de Newton, fundamento de la física clásica.

Por ejemplo, la primera ley del movimiento de Newton afirma que *"Un objeto en reposo permanece en reposo, y un objeto en movimiento continúa en movimiento a velocidad constante y en línea recta a menos que actúe sobre él una fuerza desequilibrada".*

La ciencia utiliza principios matemáticos para predecir el comportamiento de todos los objetos en movimiento en esta dimensión. La materia sigue estas leyes, moldeadas por los elementos del reino. La humanidad aplica estas leyes para estructurar su vida, ya que ofrecen previsibilidad y una falsa sensación de seguridad frente a lo desconocido.

Alinearse sutilmente con estas leyes, especialmente con la primera, nos convierte en víctimas de las circunstancias. Nos convertimos en objetos en reposo, necesitados de una fuerza externa que cambie nuestro destino.

La física clásica ha desempeñado un papel crucial en el desarrollo contemporáneo de los viajes, las comunicaciones, la arquitectura y el confort en general, ofreciendo modelos fiables que sustentan nuestra vida cotidiana. Las ecuaciones y leyes newtonianas se originaron a partir de la observación de grandes objetos, como el sol, la luna y los planetas, que mostraban un comportamiento coherente.

Los físicos se enfrentaron a retos en su búsqueda por comprender las leyes de reinos invisibles. Este esfuerzo dio lugar a más preguntas que respuestas y, en última instancia, orientó a los científicos hacia el campo de la mecánica cuántica.

La mecánica cuántica es la rama de la física que trata de explicar cómo entidades muy pequeñas, como fotones, átomos y moléculas, muestran propiedades de partículas y ondas simultáneamente. Los físicos se refieren a este fenómeno como "dualidad onda-partícula".

El "experimento de la doble rendija" revolucionó la física al cambiar el énfasis de la mecánica clásica a la mecánica cuántica. Los científicos descubrieron que los métodos de medición tradicionales no podían proporcionar resultados fiables porque la energía mental del observador influía en los resultados.

El término "efecto observador" se acuñó para explicar por qué resulta difícil predecir los resultados de los experimentos cuánticos. Esta idea conmocionó a la comunidad científica, ya que su credibilidad depende de que los resultados sean predecibles.[1]

La física cuántica sugiere que nuestra conciencia influye en la materia física. Esto ayuda a aclarar por qué Jesús habló de dimensiones más allá de la nuestra para ejemplificar la fe y los milagros.

> *como está escrito: "Te he hecho padre de muchas naciones". Él es nuestro padre ante Dios, en quien creyó,* **que da vida a los muertos y llama a la existencia lo que no existe.**
>
> Romanos 4:17 LBLA

La escritura anterior está describiendo la mentalidad de Abraham cuya fe penetró el reino invisible para

---

1 https://en.wikipedia.org/wiki/Observer_effect_(physics)

manifestar lo invisible. Esto describe lo que la física denomina "colapsar una onda".

Además, toda vida se origina en el Espíritu de Dios y requiere átomos para existir en esta dimensión. Por lo tanto, cada persona que ha pasado a través de este continuo tiempo-espacio, incluyendo a Jesús, interactuó con los mismos átomos. Esta escritura en Colosenses ilustra lo que la ciencia se niega a reconocer:

> *Porque en Él fueron creadas todas las cosas que están en los cielos y en la tierra, visibles e invisibles, sean tronos, sean dominios, sean principados, sean potestades.* **Todas las cosas fueron creadas por medio de Él y para Él.**
>
> Colosenses 1:16 LBLA

Los átomos, que en realidad son Cristo, consisten en ondas de energía formadas por fotones invisibles que interactúan con la mente de Dios para reproducirse según Su diseño e intención. Lo que llamamos materia sólida es, en realidad, espacio vacío. Sin embargo, existen como ondas magnéticas dentro de este continuo espacio-tiempo, lo que sugiere que generan imágenes basadas en las frecuencias mentales que encuentran.

Dicho de otro modo, todo en la creación reacciona a los campos de energía igual que el metal reacciona a los imanes. Todos los objetos físicos que nos rodean son en realidad imágenes formadas a través de nuestra capacidad para reconocer patrones. Esto significa que lo que percibimos como objetos sólidos son en realidad ondas de luz que interactúan con la energía de nuestra mente para crear los patrones familiares que conocemos. En realidad, manifestamos lo que identificamos y etiquetamos como cosas específicas.

Debes comprenderlo para desprenderte de lo que crees inamovible.

Jesús afirmó que *"todo es posible con fe"*, que actúa como la fuerza espiritual que transforma la energía en materia, un proceso que la ciencia denomina "colapso ondulatorio".

Este proceso de colapso de ondas explica por qué Jesús expresó los pensamientos que expresó en el versículo siguiente:

> *"Los que me rechazan al no aceptar lo que digo tienen un juez designado para ellos. **Las palabras que he dicho los juzgarán** en el último día".*
>
> Juan 12:48 GWT

Entendemos que las palabras que pronunció Jesús son espíritu, lo que significa que existen tanto dentro como fuera de este continuo espacio-tiempo, uniéndolo todo y obligando a todas las cosas materiales a adherirse a su autoridad. Representan la energía que da forma a todas las cosas, visibles e invisibles.

> *Él existía antes que todo y lo mantiene todo unido.*
>
> Colosenses 1:17 GWT

Si reflexionas sobre el significado de Sus palabras, tu conexión física con el mundo visible desaparece como la niebla.

Los modelos y ecuaciones newtonianos se basan en factores predecibles, como la velocidad de la luz, las fuerzas gravitatorias y el tiempo, para obtener resultados cuantificables.

Por el contrario, el reino cuántico no se adhiere a ninguna de estas fuerzas, ya que la energía generada por la mente sigue siendo incuantificable. En consecuencia, nuestros pensamientos representan la variable desconocida que influye en la materia de formas imprevisibles.

El tiempo y la luz representan dos elementos fundamentales de la Tierra que ejercen una profunda influencia en nuestra percepción y en el mundo material. Según la narración bíblica, Dios creó la luz el primer día, estableciéndola así como nuestra fuente y origen primarios, independientes del tiempo o las sombras. Además, funciona como fundamento de toda vida, como se articula en este versículo siguiente:

> ***Él no era la Luz, pero existía para dar testimonio de la Luz.***
>
> Juan 1:8

La iluminación establecida en el cuarto día fue creada intencionadamente en armonía con el universo para mantener el equilibrio del planeta dentro de esta dimensión. No pretendía distraer a la humanidad de confiar en la luz del espíritu divino que reside dentro de cada persona.

La lamentable elección de Adán dio lugar a la dependencia de la humanidad de sus percepciones sensoriales, profundamente influidas por las sombras y el paso del tiempo.

> *Y ésta es la prueba con que se juzga a los hombres: la Luz vino al mundo, y los hombres amaron más las tinieblas que la Luz, porque sus obras eran malas.*
>
> Juan 3:19 WEY

La luz de Jesús disipa las tinieblas que la gente utiliza para esconderse. La humanidad teme a la muerte, y la luz de Jesús aterroriza a quienes se han pasado la vida creyendo las mentiras de las tinieblas. Los que dependen de la luz de este mundo siempre tendrán miedo y se esconderán de la verdad.

Como resultado, cuando la ciencia desarrolla herramientas para explicar o descubrir lo invisible, como en los estudios cuánticos, sus conclusiones suelen ser erróneas debido a una comprensión limitada a esta dimensión confinada. Salomón se hizo eco de esta noción en Eclesiastés 1:9, sugiriendo que nada nuevo puede surgir de este reino.

A continuación se presentan dos traducciones del mismo versículo: una de la Today's English Version y la otra de la God's Word Translation:

> *Lo que ha ocurrido antes volverá a ocurrir. Lo que se ha hecho antes se volverá a hacer. **No hay nada nuevo en todo el mundo.***
>
> Eclesiastes 1:9 TEV

> *Todo lo que ha ocurrido antes volverá a ocurrir. Lo que se ha hecho antes, se volverá a hacer. No hay nada **nuevo bajo el sol.***
>
> Eclesiastes 1:9 GWT

Obsérvese la conexión entre "mundo" y "sol". El sol, destinado a gobernar este reino, nunca pretendió eclipsar a los presentes en la primera luz del día. Sin embargo, las personas que confían en esta dimensión para obtener respuestas siempre repetirán los errores del pasado.

Me enseñaron que nuestro espíritu reside dentro de nosotros; en verdad, somos espíritu dentro de "El Espíritu". Sin él, nuestra existencia no sería posible. Es crucial que comprenda que Dios nunca está separado de nosotros; esta separación se produce cuando nos concentramos en la materia en lugar de en el espíritu.

> *Porque en él vivimos, nos movemos y existimos*, como han dicho algunos de vuestros poetas: *"Porque también nosotros somos su descendencia".*
>
> Hechos 17:28 LBLA

Jesús ilustró sistemáticamente la autoridad otorgada a la humanidad; sin embargo, la religión y las interpretaciones erróneas nos han despojado de este conocimiento. Por ejemplo, uno de los factores más fiables de la física newtoniana es el tiempo, pero esto no se aplica en el ámbito cuántico, donde el tiempo se considera eterno.

En la física cuántica, el pasado, el presente y el futuro se entrelazan intrincadamente. El tiempo y la materia son fundamentalmente relativos en esta dimensión. Si sólo nos vemos a nosotros mismos como seres físicos, nuestro entorno reflejará esas creencias.

Imagínate esto: cada mañana, te levantas con la inspiradora convicción de que ningún obstáculo puede interponerse en tu camino para dar forma a un día lleno de éxitos. Sin embargo, es fácil dejar que nuestro condicionamiento y escepticismo se cuelen en nuestra mente, tratando de sacudir esta mentalidad positiva con recuerdos de reveses pasados.

Sin embargo, cuando empezamos a centrarnos en el momento presente, nuestros recuerdos pierden el control de nuestra incredulidad condicionada. Además, aunque te enfrentes a resistencias, éstas pueden desvelarte oportunidades que antes no habías considerado. No puedo contar cuántas veces me ha pasado esto en la vida.

El momento presente es el reino de Dios, lleno de todas las oportunidades para nuestro placer y disfrute, porque Jesús lo dijo en el siguiente versículo:

> *"No temáis más, pequeño rebaño, porque vuestro Padre se complace en daros el Reino".*
> Lucas 12:32 NAB

El tiempo exige que la materia se ajuste a las leyes de la tercera dimensión; toda la materia decae y, en última instancia, vuelve a convertirse en energía. Esta visión revela una profunda verdad: toda existencia es inherentemente espiritual, regida por leyes divinas, no por las descubiertas por la humanidad.

Incluso Einstein reconoció a Dios como la fuerza que transforma la materia cuando afirmó: *"El campo es la única agencia que gobierna la materia"*. Sin saberlo, Einstein utilizó el término "campo" para referirse al Espíritu de Dios.

El reino cuántico se asemeja al dominio espiritual, definido por su ausencia de sombras y su naturaleza eterna. Por consiguiente, si somos realmente espíritu, como afirma la Biblia, existimos en el ámbito atemporal y nos manifestamos según nuestros pensamientos. Esto sugiere que creamos materia a partir de nuestras imágenes mentales:

> *Porque como él piensa en sí mismo, así es él.*
>
> Proverbios 23:7

Por consiguiente, si nuestros pensamientos dan forma a la realidad física, como indicó Einstein, esto también incluye la enfermedad. Sugiere que toda la materia responde a las creencias de un individuo, ya que, sin tiempo, toda la materia existe en la mente del observador. Jesús lo subraya en el versículo siguiente:

> *Jesús le dijo: "En cuanto a posibilidades, todo es posible para el que cree".*
>
> Marcos 9:23 GWT

El reino espiritual es un océano de posibilidades que espera la energía combinada de la mente y el corazón de cada uno al unísono para cambiar lo invisible en visible. Si realmente creemos, ya tenemos lo que creemos, aunque no lo veamos.

El reino cuántico es análogo al ejemplo de que nos damos cuenta del número de coches como el nuestro después de tenerlo. En otras palabras, siempre han estado ahí pero han pasado desapercibidos porque nuestra atención estaba en otra parte.

> *"Por eso os digo que tengáis fe en que ya habéis recibido todo aquello por lo que oráis, y será vuestro".*
>
> Marcos 11:24 GWT

Este es el mensaje del reino que Jesús predicó a sus seguidores. No falta nada para los que moran en Su reino porque la materia sigue al único gobernante, que eres tú.

En pocas palabras, toda energía o espíritu produce ondas que crean un campo magnético invisible. Piensa en un tornado como representación del espíritu, que permanece invisible hasta que lo rodean el polvo y los escombros. Esto ilustra cómo aparece cada ser humano, con su forma exterior envuelta en la materia terrenal arrastrada por nuestros pensamientos y emociones.

Al igual que un tornado atrae todo lo que le rodea, nuestro campo magnético atrae las cosas en las que nos centramos en este mundo. Sin embargo, cuando dirigimos nuestra atención a la belleza invisible del momento presente, podemos potenciar la atracción de lo que realmente necesitamos, a menudo sin ni siquiera tener que articularlo verbalmente.

Este fenómeno se debe a que nos centramos en la esencia fundamental de todas las cosas, y no sólo en lo observable. En efecto, es extraordinario reconocer que Dios recompensa a quienes cultivan su fe de forma constante permaneciendo presentes.

> *Ahora bien, sin fe es imposible agradarle, porque el que se acerca a*

CAPÍTULO 8 — LENGUAJE CUÁNTICO

> *Dios debe creer que Él existe y que recompensa a los que le buscan.*
>
> Hebreos 11:6 NET

La verdadera recompensa reside en permanecer presentes, como señaló Jesús en Mateo 6:33. Cuando redirigimos nuestra atención de lo visible a lo invisible, la prosperidad fluye sin problemas, como el acto de respirar.

Nuestro espíritu comprende realmente la dimensión espiritual y la verdad que encierra; sin embargo, nuestro condicionamiento crea a menudo una sensación de impotencia y necesidad. De forma similar a un tornado que recoge escombros cercanos, nuestros miedos y dudas pueden arrastrar esos pensamientos, haciéndolos sentir como una parte real de nuestras vidas.

Comienza hoy tu viaje de estar presente sin dejarte atrapar por las dudas o la incredulidad, y te sorprenderá el increíble poder del Espíritu Santo mientras atrae hacia ti todo lo que necesitas.

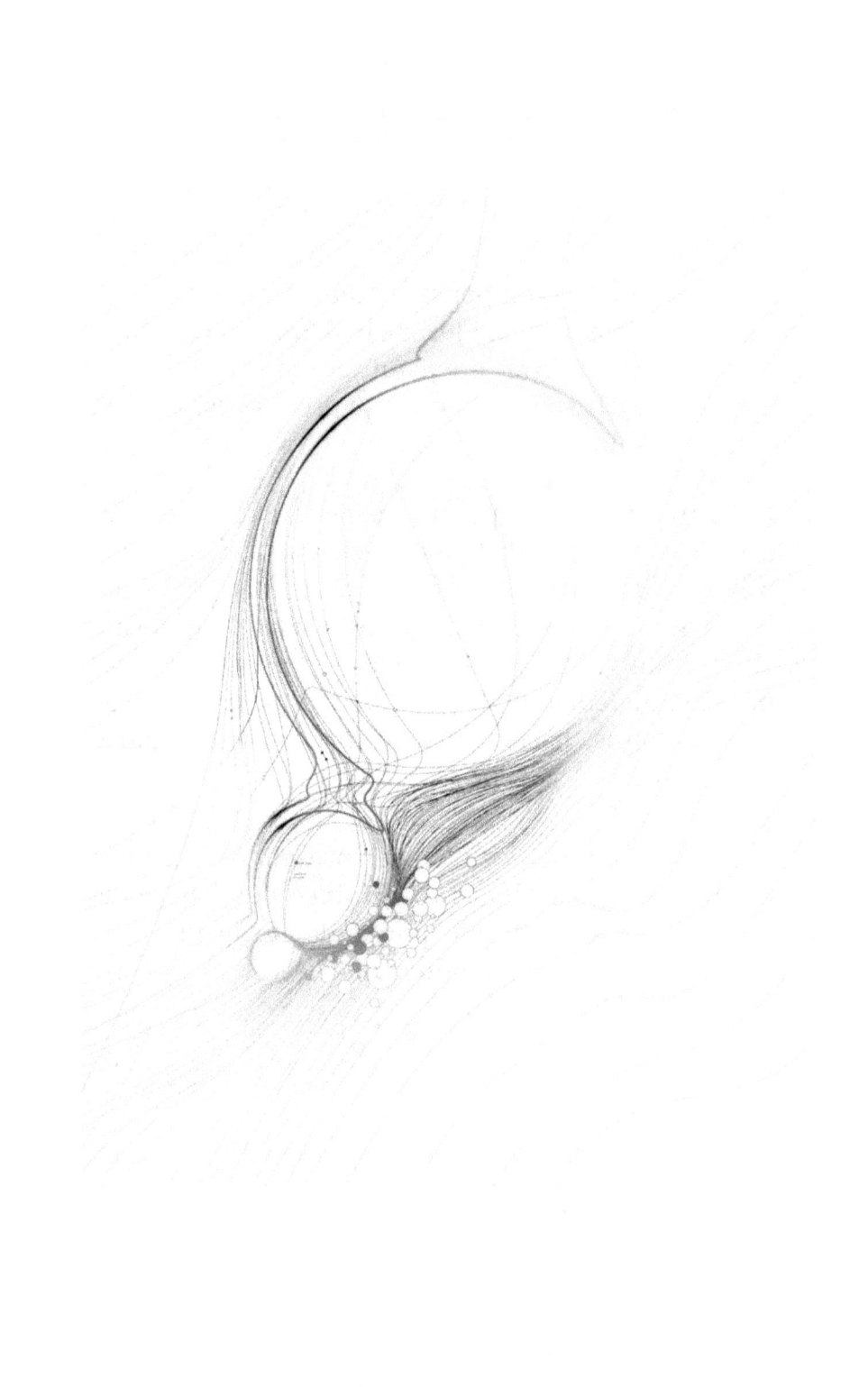

CAPÍTULO 9

DOCTRINAS
HECHIZANTES

Reconocemos la importancia de una base adecuada para discernir qué creer y por qué. Nada es más vital para dirigir nuestras acciones que una base firme en la verdad. Así, cuando somos receptivos al Espíritu de la Verdad, nuestros sentidos desempeñan un papel menos importante en la toma de decisiones.

Sólo hay un reino que gobierna tanto el reino invisible como el visible: El Reino de Dios. Aunque la desobediencia de Adán impidió temporalmente su presencia en esta dimensión hasta la resurrección de Cristo, nunca perdió su autoridad sobre los reinos físico y espiritual.

Sólo existen dos reinos, ambos espirituales. El Reino de Dios, que es Cristo, tiene autoridad suprema sobre ambos reinos; sin embargo, el don del libre albedrío permite a los individuos elegir entre Su Reino y el reino de este mundo. El fundamento del reino de este mundo fue establecido en Génesis 2:17 y Génesis 3:10.

> *"excepto el árbol que da el conocimiento de lo que es bueno y lo que es malo. No debes comer el fruto de ese árbol; si lo haces, **morirás el mismo día**".*
>
> Génesis 2:17

> *Él respondió: "Te oí en el jardín; **tuve miedo** y me escondí de Ti, porque estaba desnudo".*
>
> Génesis 3:10

El mundo no es sólo otro término para referirse a la Tierra; Dios creó todas las cosas materiales, incluidos los seres humanos. Dio a los humanos "libre albedrío" para dar forma a sus mundos personales. Por eso la dimensión física actual y su frecuencia son el resultado de la elección de Adán.

La Tierra se estableció como hábitat para que un ser espiritual prosperara y expandiera el reino de Dios. La humanidad estaba destinada a vivir tanto *espiritual como físicamente*, reflejando a Jesús cuando caminó por la Tierra. (Repasa el capítulo "Espiritualmente Físico")

¿Recuerda los pasajes de las Escrituras sobre Jesús caminando a través de las paredes después de Su resurrección y las veces que Sus discípulos no lo reconocieron? Muchos piensan que esto se debe al cuerpo glorificado de Jesús después de la resurrección y también se menciona en 1 Corintios 15:44.

El malentendido de la humanidad sobre esto ha llevado a muchas iglesias a malinterpretar el concepto de un "cuerpo glorificado" como un evento futuro. Esto pone de relieve la confusión de las personas que leen la Biblia en su estado dividido hoy en día.

No ver a la gente atravesar paredes o cambiar las apariencias no significa que nosotros no podamos. Jesús nunca compartió los secretos de Su reino con las masas. Nuestra mente no transformada y nuestro denso ancho de banda garantizan que seguiremos siendo igual hoy que ayer porque tenemos demasiado miedo de dejar lo conocido por lo desconocido.

Busca en tu interior la validación de lo que Cristo ha comprado para nosotros. Si crees que algo queda inconcluso por Su resurrección, seguirás a la multitud y recibirás su recompensa. He desviado mi mirada de lo físico para centrarme en lo invisible. Cuanto más tiempo mantengo la conciencia, menos tiempo dedico a buscar justificaciones que validen mi condición y mis creencias actuales. Cuando dejé de percibir lo que siempre había considerado cierto, el Espíritu Santo me reveló la verdad. Ésta es la única lente a través de la cual observo este reino.

> *"Conoceréis la verdad, y la verdad os hará libres".*
>
> Juan 8:32 GWT

Cuando nos vemos únicamente como carne y no como espíritu, preparamos el terreno para diversas creencias inexactas. Por eso muchos mensajes se enredan en malentendidos y conceptos erróneos que fomentan doctrinas fundadas en la superstición y el miedo.

Nuestra dimensión original funciona a una frecuencia que requiere un ancho de banda superior al que nuestra mentalidad puede percibir desde que nacemos en este reino. El único obstáculo para nuestra conciencia diaria de esa dimensión es nuestra creencia, que está influenciada por nuestra vibración actual y nuestras creencias por defecto.

Para comprender verdaderamente nuestra libertad de este reino, tanto en la mente como en el cuerpo, es esencial que estemos plenamente despiertos y conscientes. Esta conciencia surge de nuestra práctica de la atención plena sin prejuicios. Al abstenernos de etiquetar nuestras reacciones ante los acontecimientos y las circunstancias, proporcionamos la energía espiritual que el Espíritu Santo utiliza para ayudarnos a cambiar nuestra mentalidad.

A menudo nos consideramos los únicos jueces del bien y del mal. Esta mentalidad limita la capacidad del Espíritu Santo para liberarnos de nuestras estrechas opiniones y suposiciones aceptadas como verdad debido a nuestra identidad como "cristianos". Tal pensamiento drena nuestra energía espiritual y confina nuestra frecuencia vibratoria a esta dimensión limitada.

El único mensaje de Jesús era buscar el Reino de Dios. Sin embargo, hoy en día, las iglesias de todo el mundo buscan todo menos Su Reino. ¿Por qué? Porque la humanidad confía en la sabiduría de este mundo para interpretar la Biblia.

> *Desde entonces comenzó Jesús a predicar y a decir:* **"Arrepentíos, porque el reino de los cielos está cerca."**
>
> Mateo 4:17 LBLA

El arrepentimiento implica algo más que sentir culpa o pesar por nuestros errores; representa una transformación de nuestra mentalidad. Sin embargo, esta conversión se produce cuando reconocemos nuestras reacciones a influencias externas que han sido moldeadas por nuestro condicionamiento.

Esencialmente, nuestras respuestas automáticas al mundo físico nos atan a la noción incorrecta de que somos únicamente seres físicos, lo que refuerza aún más nuestra dependencia de los sentidos para afirmar nuestra existencia material.

Al observar, invitamos al Espíritu Santo a transformar nuestras reacciones, ayudándonos a despertar de los patrones automáticos que hemos sido condicionados a seguir. Esta conciencia se convierte en la luz que el Espíritu Santo utiliza para profundizar en nuestra comprensión y despertarnos de nuestro condicionamiento.

Es importante recordar que, al principio, nuestro papel principal es simplemente observar y estar presentes.

A. LA DUALIDAD Y EL JUICIO SON FRUTO DEL MIEDO

Entendemos que la base de este sistema mundial está construida sobre el miedo a la muerte, y que comer del árbol equivocado ha fomentado una mentalidad de dualidad en toda la creación. Pero, ¿has considerado que el combustible que mantiene viva esta forma de pensar es en realidad nuestra tendencia a juzgar?

La palabra juez es tanto un sustantivo como un verbo. Dios era y es el único Juez que opera en justicia, que es el sustantivo. El uso de la palabra como verbo es ilustrado por Jesús en el siguiente versículo:

> *"Deja de juzgar para que no te juzguen a ti.*
>
> *De lo contrario, serás juzgado por el mismo rasero que utilizas para juzgar a los demás. El rasero que uséis para los demás se os aplicará a vosotros".*
>
> Mateo 7:1-2 GWT

Jesús explica que este reino responde a la creación de Dios como si Él estuviera hablando. Toda la creación procede de Él y se comporta según sus pensamientos y palabras porque forma parte de Él.

En esencia, Él no está separado de Sus pensamientos, palabras o sentimientos. Nada de lo que Él crea existe por separado, a menos que se separe voluntariamente de la Unidad de Dios. El libre albedrío es un aspecto fundamental de la justicia de Dios. La fe es el fruto del amor porque sin fe, nada llegaría a existir.

Considerar que la creación está separada del Creador conduce a una separación interna que nos lleva a juzgarnos a nosotros mismos. De ahí la advertencia de Jesús contra la autocondena, que destaca a Dios como Juez Justo.

Esencialmente, el juicio y las diversas formas de separación agotan nuestra energía espiritual, como le ocurrió a Adán cuando eligió desobedecer. Este agotamiento ocurre cada vez que cortamos nuestra conexión con nuestra unidad en Él. Jesús advirtió contra el juicio porque Él desea nuestra unidad con Él.

B. EL OBJETIVO REAL DE LA LEY

Las leyes divinas de Dios protegieron a Israel en el desierto y establecieron el linaje de Jesús. La mayoría de las religiones comparten raíces en el Antiguo Testamento, aunque sus textos sagrados sean el

Corán, los Vedas, el Bhagavad Gita o el Rig Veda. La "mentalidad de dualidad" es universal y forma la base de la Ley, lo que llevó a Dios a establecer Su ley en este mundo.

La mentalidad de dualidad anclada en el árbol del conocimiento ha persistido a través de las generaciones. Mientras que la ley mosaica presenta a Dios como el Juez Supremo, las visiones contemporáneas asignan este papel a la humanidad, lo que conduce a una recurrencia de la corrupción y la injusticia.

Las leyes del Antiguo Testamento ilustran la dinámica entre los emperadores romanos y el sacerdocio judío, destacando la influencia de la religión en el sistema mundial. Estos principios se han adaptado ahora para explicar por qué el mundo contemporáneo es un espejo de Jerusalén antes de la destrucción del Templo en el año 70 d.C.

Muchos nuevos creyentes en las iglesias contemporáneas no son conscientes de que en el año 70 d.C., Jerusalén se enfrentó a "la" tribulación como Jesús predijo. El valle se llenó de sangre hasta el cuello de los caballos. Para un relato detallado, recomiendo el libro de mi esposa, *El Fin de una Era.*

Los rabinos, fariseos y saduceos veían a Jesús como un peligro y despreciaban sus enseñanzas, convirtiéndose en los más ruidosos defensores de su crucifixión. Además, su verdadera motivación para querer a Jesús muerto provenía de su preferencia por las riquezas como su dios. El siguiente versículo respalda esta afirmación y fue utilizado como la principal acusación contra Él durante el juicio ante Pilato.

> Este dijo: *"Soy capaz de destruir el templo de Dios y reedificarlo en tres días".*
>
> Mateo 26:61 LBLA

La ley fue la estrategia de Dios para desmantelar el dominio de satanás y restaurar Su reino en la Tierra. Mientras satanás intentaba tergiversar la justicia a través de la Ley de Dios, pasó por alto su directiva sobre la pena capital para los asesinatos injustos. Así, Jesús, el Inocente, fue injustamente ejecutado por satanás, resultando en su condena eterna en el lago de fuego.

La conciencia de pecado de Adán es la piedra angular de este mundo; sin embargo, el siguiente versículo muestra que Dios siempre conoció el fin desde el principio.

> *"Padre, ellos son tu regalo para mí; y mi deseo es que estén conmigo donde yo estoy, para que contemplen mi gloria, que me has dado porque me amaste antes del principio del mundo."*
>
> Juan 17:24 GWT

Este amor encarna la fe de Dios presente en todos los que están en Él desde la fundación del mundo.

Para liberarte de las ansiedades sobre las que Jesús advirtió en Juan 16:33, recuerda que Su fe creó todo lo que buscas y reside en nosotros. Es fácil olvidar nuestra identidad buscando lo que creemos que nos falta. Reflexiona sobre esto.

El Espíritu Santo reveló que la división de la Biblia no era la intención de Dios, sino el resultado de la ignorancia voluntaria o la falta de comprensión del poder de la resurrección de Cristo. Este poder nos restaura a la plenitud en Él, pero tu libre albedrío te acerca o te aleja de esa realidad.

La Biblia ilustra el destino de la humanidad y de Satanás en el Apocalipsis, marcando un momento crucial que cumple la profecía de Dios en el Génesis. Esto pone de relieve la necesidad de considerar la Biblia como una obra unificada en lugar de separarla en Antiguo y Nuevo Testamento. Es una lástima que las repercusiones espirituales y físicas de ello pasen a menudo desapercibidas para quienes dependen de otros para explicar las Escrituras y crear doctrinas, lo que puede alimentar involuntariamente un espíritu anticristo entre sus seguidores.

Por ejemplo, considere la fundación de los Estados Unidos, que se proclama orgullosamente como judeocristiana. Examine lo que esa declaración significa; a pesar de su sonido aparentemente santo, es, de hecho, anticristo.

Los judeocristianos creen en el Dios de Abraham, Isaac y Jacob. También creen en Yeshua (Jesús), que es el Mesías de Israel. También **creen que Yeshua es el Mesías de Israel, y que Él cumplirá todas las Escrituras que han sido profetizadas acerca de Él concernientes a Israel.**

El problema con esta declaración es claro. Dudan de que Jesús cumpliera su misión divina, incluida la destrucción del Templo. Esta afirmación herética sustenta muchas creencias en los Estados Unidos y refleja las opiniones mantenidas por la mayoría de los cristianos y las iglesias.

Las repercusiones de esta situación son más insidiosas de lo que podría pensarse. La continua lucha en Oriente Medio es el destino de cualquier nación que se asocie con un espíritu anticristo. Lograr la paz en la tierra es imposible si la humanidad continúa negando la verdad de Cristo.

El ejemplo más notable de herejía, desde mi punto de vista, se refiere a la doctrina relativa a Su muerte y resurrección. Jesús dijo lo siguiente a los que cuestionaban su legitimidad como Hijo de Dios.

> *Entonces le abordaron algunos de los escribas y de los fariseos, que le dijeron: "Maestro, queremos ver una señal dada por ti".*
>
> *"¡Generación perversa e infiel!" Él respondió: "claman por una señal, pero ninguna les será dada excepto la señal del Profeta Jonás."*

> *"Porque así como Jonás estuvo tres días en el vientre del monstruo marino, así también el Hijo del hombre estará tres días en el corazón de la tierra".*
>
> Mateo 12:38-40 WEY

Jesús se enfrentó a continuos desafíos por parte de las autoridades judías, que le exigían signos y prodigios para demostrar que era el Mesías. Dijo claramente que su muerte y resurrección serían el único signo que validaría su identidad como Hijo de Dios, y lo comparó con la experiencia de Jonás de tres días y tres noches en las profundidades de la tierra.

Mi educación religiosa hizo hincapié en la observancia del "Viernes Santo" como el día que conmemora la crucifixión de Jesús, seguida de su resurrección el domingo por la mañana. Sin embargo, esta perspectiva no coincide con la duración completa de tres días y tres noches. ¿Qué explica esta discrepancia? En mi opinión, proviene de la influencia de un espíritu anticristo que moldeó la religión y el diseño de la Biblia.

Es sorprendente que un número significativo de cristianos, a pesar de tener acceso a Biblias impresas o digitales, sigan creyendo que Jesús fue crucificado y enterrado el Viernes Santo, para resucitar el domingo por la mañana.

Esta mentira comenzó alrededor del año 300 d.C. por el emperador romano Constantino para obligar a los seguidores de Jesucristo a adoptar el paganismo y la idolatría como cristianismo. Así, Constantino y el Concilio de Nicea afirmaron que Jesús fue crucificado y enterrado el Viernes Santo y resucitó el Domingo de Pascua.

Millones de cristianos adoptaron esta doctrina sin escudriñar la Biblia. Hoy tenemos acceso a los hechos originales y a las instrucciones originales y somos capaces de hacer cálculos básicos. Lamentablemente, si uno cree esta mentira ¿qué le impide creer otras?

Si quieres profundizar en esta y otras verdades, lee mi libro: "*El Gran Engaño*".

A menos que alteremos nuestra conciencia y cuestionemos nuestras creencias y sus razones, nuestros cimientos reflejarán este sistema mundano, y el resultado reflejará lo que leemos en el Antiguo Testamento.

Desafiar y reexaminar nuestra comprensión de Cristo es crucial para revelar Su reino. Si nuestra realidad no refleja Su resurrección en nuestras vidas, el miedo a la muerte influirá en nuestras percepciones y decisiones.

La energía que utilizamos para permanecer presentes permite al Espíritu Santo revelar nuestra condición. Tras su intervención, tu percepción y respuesta a los estímulos físicos experimentarán una transformación significativa.

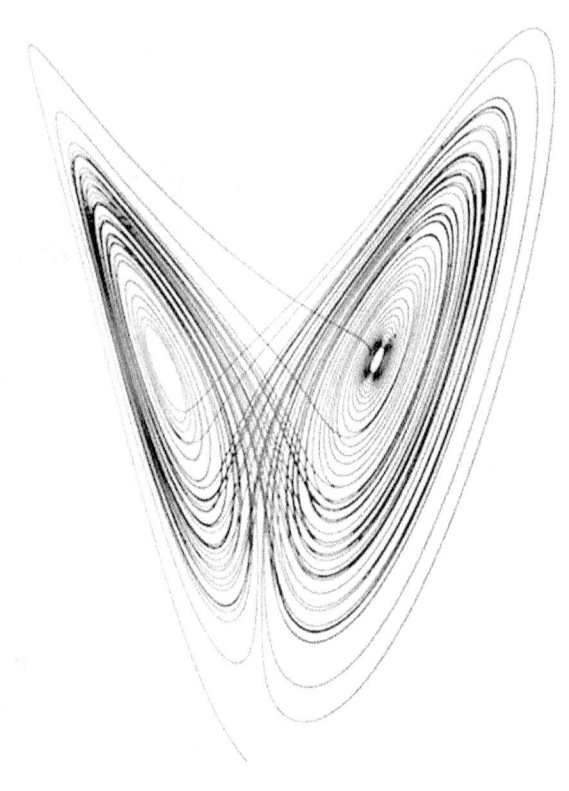

CAPÍTULO 10

EL ESPÍRITU ANTICRISTO

El espíritu del anticristo se originó en el Jardín cuando Adán se negó a creer en Dios, lo que permitió que satanás gobernara el segundo cielo. El poder del espíritu del anticristo fue eliminado a través de la resurrección de Cristo, pero la fuente de ese poder es el temor a la muerte, que constituye el fundamento de este mundo. En consecuencia, las personas que se nieguen a entrar en el reino de Dios se encontrarán con las doctrinas y teologías de ese espíritu dentro del sistema de este mundo, a pesar del hecho de que el origen de ese espíritu reside en el infierno.

Es por eso que es vital comprender que un pacto con Jesús no nos exime de los mensajes subliminales presentes dentro del sistema mundial gobernado por las creencias del espíritu del anticristo. Sin embargo, es esencial entender que las doctrinas no tienen ningún poder a menos que se crea en ellas.

Estados Unidos se identifica con orgullo como una nación judeocristiana. Esta afirmación resuena entre aquellos cuyos líderes religiosos interpretan los Evangelios como parte del Nuevo Testamento, a pesar de que Jesús define claramente uno de sus propósitos clave para venir a la Tierra:

> *"No penséis ni por un momento que he venido a abolir la Ley o los Profetas: No he venido a abolirlos, sino a darles su plenitud".*
>
> Mateo 5:17 WEY

En consecuencia, como se mencionó en un capítulo anterior, los judeocristianos creen que Jesús es el Mesías; sin embargo, sostienen que Su misión no se cumple hasta que, según su doctrina, "todo" Israel lo reconozca como el Mesías.

Esta ignorancia alimenta el embrujo de las doctrinas religiosas y los puntos de vista dominantes. Las escrituras a continuación confirman que Jesús cumplió Su misión:

CAPÍTULO 10 | EL ESPÍRITU ANTICRISTO

> *Después de esto Jesús, sabiendo que todas las cosas están ya acabadas, para que se cumpla la Escritura, dice: "Tengo sed."*
>
> *Había allí una vasija llena de vinagre; entonces pusieron una esponja llena de vinagre sobre un hisopo, y se la acercaron a la boca.*
>
> *Jesús, pues, habiendo recibido el vinagre, dijo: Consumado es; e inclinando la cabeza, entregó el espíritu.*
>
> Juan 19:28-30 RVR

En el versículo 28, Jesús hace referencia a la profecía que se encuentra en el Salmo 69:21, que dice: *"También a mí me dieron hiel por comida, y para mi sed me dieron a beber vinagre."* Jesús ha cumplido todas las profecías que le conciernen.

Esto indica que no hay nada más que lograr. Por lo tanto, la división de la Biblia es un "engaño construido por el hombre" con la intención de engañar y manipular a las personas.

La realidad del libro que llamamos Biblia es que se trata de un libro inspirado por el Espíritu Santo para provocar a los que estaban en Él antes de la fundación del mundo a recordar su origen.

Las escrituras están diseñadas para revelar el amor de Dios y el cumplimiento de Su profecía en el Jardín, donde declaró que aplastaría a la serpiente y, al hacerlo, reuniría a la humanidad consigo mismo en la Unidad.

Al reflexionar sobre la crucifixión y resurrección de Jesús, es crucial reconocer que ni la Biblia ni las redes sociales estaban disponibles para transmitir este profundo cambio de conciencia, tanto en los cielos como en la Tierra.

Considerar que el regreso de Jesús es esencial debido al sufrimiento infligido a sus seguidores por el diablo nos sitúa junto a los que esperaban a su Mesías bajo la ley. Si creemos que el diablo, como fuerza incontrolable, influye en nuestras vidas, permanecemos en la Babilonia de la que Jesús nos instó a escapar.

La verdad es que ¡estamos verdaderamente liberados! Sin embargo, mientras nuestras vidas permanezcan conectadas al mundo material, reflejarán naturalmente el sistema mundano y su frecuencia de resonancia, como en los tiempos en que Jesús caminaba por la tierra.

■ DOS MISIONES UN OBJETIVO: LA TOTALIDAD

Antes de su crucifixión y resurrección, Jesús recibió dos asignaciones clave. En primer lugar, debía cumplir la Ley que predijo su nacimiento divino.

En segundo lugar, Su misión era restablecer el reino invisible de Dios entre todos los creyentes, venciendo así el dominio de satanás sobre los pensamientos y los corazones de la humanidad.

Esencialmente, los que estaban en Él antes de la fundación del mundo se convirtieron en el Arca de la Alianza de Dios, que, de forma similar a su papel en el desierto, disipaba el mal simplemente por existir.

Me convencí y cambié mi enfoque hacia el interior en lugar de buscar pruebas físicas del gobierno de Dios en el mundo. Inmediatamente, el Espíritu Santo me guió a Juan 3:3 y me ordenó que no dejara de buscar hasta que fuera testigo de Su Reino.

> *Jesús respondió: "Te aseguro que nadie puede ver el Reino de Dios si no nace de nuevo."*
>
> Juan 3:3

Esta búsqueda produjo el libro "Sumergidos en Él". Si no lo ha estudiado, puede que al principio le resulte difícil comprender mi lenguaje y mi comunicación.

Me he encontrado con muchas personas que han pasado por experiencias profundamente difíciles marcadas por traumas, que les han llevado a sentirse prisioneros. Está claro que no hay palabras que puedan cambiar sus percepciones o creencias sobre su situación.

Esto ocurre porque se ven a sí mismos como víctimas de circunstancias que escapan a su control. En realidad, el cambio se hace alcanzable cuando una persona empieza a reconocer su papel en sus circunstancias.

Nuestra capacidad como creadores para influir en las circunstancias debería ser una de las claves de este libro.

Te estás embarcando en un viaje transformador que alterará fundamentalmente tus creencias. Sin embargo, si persistimos en la idea de que el trauma obstruye nuestro progreso, inevitablemente arrastraremos esa creencia junto con las emociones y el dolor que la acompañan. Además, cuanto más tiempo nos identifiquemos con esa experiencia, más difícil será reconocer la verdad de lo que Cristo redimió durante la resurrección.

Un gran segmento de la población mundial sufre de angustia física o mental como consecuencia de su decisión de seguir la sabiduría del sistema mundano en lugar de ser guiados por El Espíritu.

Las enseñanzas del Antiguo Testamento influyen con frecuencia en las personas que niegan que Jesús cumpliera sus misiones divinas. Esto puede promover involuntariamente un vínculo con el espíritu anticristo, que perpetúa una mentalidad de víctima.

Muchas iglesias destacan las escrituras en las que Jesús advierte de la tribulación. Las congregaciones ven esto como un evento futuro, particularmente debido a la división de la Biblia en Antiguo y Nuevo Testamento.

Los Evangelios cumplen el pacto de Dios con Israel y la Ley de Moisés. Enseñar de otra manera promueve un espíritu anticristo, que debilita el poder y la autoridad de Cristo en la actualidad. Esta herejía surgió durante la época de Jesús, lo que llevó a los apóstoles a advertir contra el espíritu anticristo.

> *¿Quién es un mentiroso? ¿Quién sino la persona que rechaza a Jesús como Mesías? La persona que rechaza al Padre y al Hijo es un anticristo.*
>
> 1 Juan 2:22 GWT

Los seres humanos confían en sus sentidos para afirmar sus creencias, por eso existe la frase "ver para creer". Pablo señaló que los judíos buscaban signos milagrosos, mientras que los griegos perseguían la sabiduría.

Los sucesos milagrosos superan la comprensión científica, nos cautivan y atraen a muchos a congregaciones que pretenden aportar pruebas. Las iglesias modernas, similares a las sinagogas de la época de Jesús, atraen a quienes buscan sus señales milagrosas. Por lo general, la gente busca soluciones sobrenaturales sólo después de haber agotado todos los remedios físicos para sus problemas.

Depender de pruebas tangibles para afirmar experiencias intangibles difumina la línea que separa a los israelitas en el desierto de la Iglesia moderna. Esta tendencia desplaza la atención de las personas hacia elementos materiales en busca de validación sensorial, intensificando el miedo a la muerte que empeora su situación.

Esto supone un reto que debemos afrontar, sobre todo si pretendemos cultivar una relación significativa con Cristo resucitado y comprometernos profundamente con el reino milagroso de Dios en nuestra vida cotidiana.

La ley ilustraba el pacto de Dios, mostrando Su poder y salvación; sin embargo, no era el pacto definitivo. En consecuencia, lo que pretendía fomentar una alianza personal con el Cristo resucitado se transformó en una base religiosa para el espíritu anticristo, como se menciona en 1 Juan 2:22.

La ley de Dios opera en múltiples niveles; derrotó a satanás y preparó el camino para que Cristo restaurara Su reino. Jesús cumplió la ley de Dios para establecer un pacto personal con nosotros.

■ EN MI OPINIÓN

Esta sección refleja mi punto de vista y no tiene la intención de criticar o juzgar creencias diferentes. Es importante reconocer que mi objetivo al compartir esta perspectiva es proporcionar una visión personal para aquellos que realmente aman al Señor, pero les resulta difícil aceptar plenamente la libertad dada por Cristo. Baso lo siguiente en mis propias experiencias.

Primero, permítanme aclarar la referencia a un segundo cielo. Utilizo este término para describir la dimensión que satanás controlaba antes de la crucifixión y resurrección de Jesús. Creo que este es el reino mencionado por Pablo en su carta a los Efesios.

> *para que se diera a conocer ahora a los principados y a las autoridades en los [lugares] celestiales, por medio de la congregación, la multiforme sabiduría de Dios,*
>
> Efesios 3:10 YLT

> *Porque no tenemos lucha con sangre y carne, sino con los principados, con las autoridades, con los gobernantes del mundo d**e las tinieblas de este siglo**, con las cosas espirituales de los malos en los lugares celestiales;*
>
> Efesios 6:12

Pablo está compartiendo con sus seguidores que su misión durante ese tiempo fue traer luz a los gentiles a través del mensaje de la resurrección. Eran un pueblo y una nación moldeados por su imaginación y pensamientos, que creo que se parecían a los que murieron en el diluvio.

Cuando Adán renunció a la autoridad, Dios perdió su vínculo mental para influir en el mundo físico. Como Hijo de Dios en la Tierra, Adán reflejó Sus pensamientos de amor y unidad, conectando el cielo y la tierra. Esta responsabilidad ahora recae en Su Nuevo Testamento viviente, que abarca a todos en pacto con el Cristo resucitado.

La pérdida de esa posición permitió al engañador infundir duda, incredulidad y muerte, lo que llevó a un virus mental y físico llamado pecado. Si no se controla, el pecado podría destruir la creación de Dios. En consecuencia, toda la carne fue aniquilada por un diluvio, resolviendo el problema físico pero no la condición mental.

Esta mentalidad es la condición predeterminada al nacer, pero gracias a Jesús, ¡no tiene por qué ser permanente! Entender esto es crucial, que es precisamente por eso que estoy escribiendo este libro.

Como se mencionó anteriormente, el segundo cielo representa la dimensión donde nuestra imaginación da forma a nuestros pensamientos y creencias. Por consiguiente, como resultado de la influencia del "mentiroso", el temor, la duda y la incredulidad se han inculcado mentalmente en cada generación.

Por lo tanto, no es de extrañar que la humanidad haya perseguido persistentemente guerras y conflictos, un hecho que se repite en las escrituras de Eclesiastés.

CAPÍTULO 10 ▌EL ESPÍRITU ANTICRISTO

> *Lo que sea que haya sucedido antes, sucederá "de nuevo". Lo que se ha hecho antes, se volverá a hacer. No hay nada nuevo bajo el sol.*
>
> Eclesiastés 1:9 GWT

Además, esta es la razón por la que los habitantes están condicionados a temer a la muerte. La prevalencia de la muerte y la falta de creencia deterioran a los seres humanos, ya que esta vibración emite un virus que resuena con el espíritu del anticristo, que finalmente destruye el alma y distorsiona las creencias y percepciones. Jesús fue enviado para salvar las almas de la humanidad a través del sacrificio de Su Padre.

> *Ha llegado el tiempo del juicio para el mundo, y el tiempo en que Satanás, el príncipe de este mundo, será expulsado.*
>
> Juan 12:31 LB

Esa era terminó con la resurrección de Cristo, concluyendo el dominio de satanás en esa dimensión. El término "el segundo cielo" se refiere a nuestras mentes, la sede del libre albedrío. Nuestra autoridad como creadores nos permite manifestar nuestras creencias, imaginaciones y miedos desde ese ámbito.

Permanecer al pie de la cruz y adorar a Dios por Jesús refleja el punto de vista de los primeros creyentes, que no sabían que la resurrección de Cristo nos elevó a los reinos celestiales, mucho más allá de las frecuencias mentales consideradas normales en esta dimensión.

Por favor, no piensen ni por un segundo que estoy socavando la importancia de la cruz. Jugó un papel crucial en el plan de Dios para eliminar a satanás tanto del cielo como de la tierra. **Actualmente, él vive con Lucifer en el lago de fuego.**

> *El que sigue pecando pertenece al Diablo, porque el Diablo ha pecado desde el principio.* ***El Hijo de Dios apareció por esta misma razón, para destruir lo que el Diablo había hecho.***
>
> 1 Juan 3:8

Si Cristo completó Su obra, lo cual creo firmemente que hizo, eso implica que Él borró las obras del diablo, las cuales se originaron en el Huerto con incredulidad. **El poder de cambiar tu condición es tu libre albedrío para hacerlo sin ninguna interferencia del diablo o demonios.**

Entiendo el enfoque de la iglesia primitiva en expulsar demonios y liberar a las personas de satanás. En ese tiempo, los demonios obraron a través de los que Pablo y los discípulos encontraron porque el mundo estuvo en tinieblas durante miles de años y aún no se habían dado cuenta de que "la Luz" había llegado para vencer las obras del diablo a través de la resurrección. La evidencia indica que incluso los discípulos lucharon por comprender plenamente la autoridad que se les dio a través de Su resurrección.

Después de entrar conscientemente en un pacto con Cristo, mi perspectiva cambió y me di cuenta de que, de hecho, soy el Nuevo Testamento. Esta comprensión reveló que la muerte ha sido conquistada, liberándome del sistema de este mundo gobernado por el miedo a la muerte, que el diablo propagó antes de Cristo. Además, tengo el control de mi voluntad; de lo contrario, Dios habría destruido a satanás en el Huerto y nos habría obligado a creer en Él.

Simplemente estoy compartiendo mi experiencia personal. Mi convicción de que soy el Nuevo Testamento me proporciona el sentimiento más liberador de la tierra y me concede acceso a Sus dimensiones como nunca antes. Además, para mí, el diablo no tiene autoridad sobre mi libre albedrío porque creo que Jesús lo derrotó, como se indica claramente en el versículo de Hebreos:

> *Puesto que todos estos hijos e hijas tienen carne y sangre, Jesús tomó carne y sangre para ser como ellos.* **Lo hizo para que, al morir, destruyera a aquel que tenía poder sobre la muerte (es decir, al diablo).**
>
> **De esta manera liberaría a los que habían sido esclavos toda su vida porque tenían miedo de morir.**
>
> Hebreos 2:14-15 GWT

A lo largo de la historia, los individuos han sostenido la opinión de que no son responsables de su bienestar físico como de sus circunstancias, debido a la influencia de las fuerzas sobrenaturales que los dominan. Esta creencia forma la base de la mayoría de los establecimientos religiosos, que, en mi opinión, están en pacto tan solo con Jesús de Nazaret.

Las personas que persistan en ese estado se encontrarán con la misma mentalidad de confrontación que los discípulos experimentaron durante el ministerio terrenal de Jesús. ¿A qué se debe esto? A que Jesús aún no había sido crucificado ni resucitado. Jesús declaró: "*Acabé las obras*", lo que incluía la destrucción de las obras del diablo. Sin embargo, cada persona debe determinar sus propias creencias y las razones detrás de ellas.

El poder de la resurrección revela nuestro origen más allá de esta dimensión, donde la fe perdura y los ángeles se someten a nuestra autoridad porque estamos en Él. Nuestra vida comienza cuando perdemos nuestra identidad y entramos en una alianza con Cristo resucitado.

Un punto de inflexión significativo para mí fue entender que mi pacto con Jesús de Nazaret no cambió mi forma de pensar. No fue hasta que entré en el Cristo resucitado que recordé mi origen en Él. Esta realización abrió mis ojos espirituales a una dimensión que experimento a diario.

Si yo puedo hacerlo, tú también puedes, comenzando cuando decidas que eres el dueño de tu libre albedrío y destino.

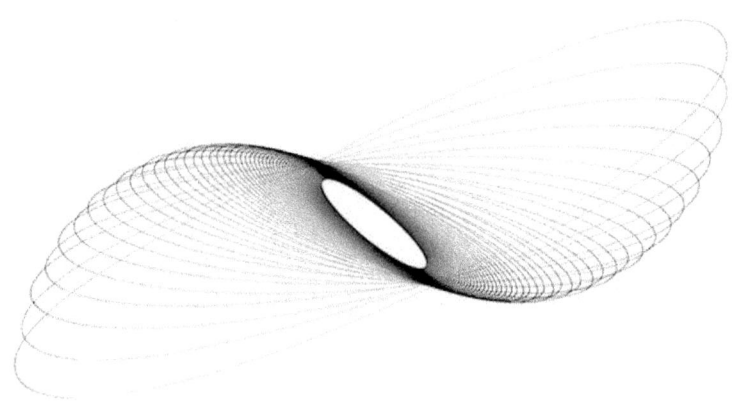

RESONANCIA DE
BABILONIA

Babilonia es la forma griega de BABEL; forma semítica Babilu, que significa "La Puerta de Dios". En las tablillas asirias significa "La ciudad de la dispersión de las tribus". La lista de sus reyes se remonta hasta el año 2300 a.C., e incluye a Jammurabi, o Amrafel, contemporáneo de Abraham.

Hay tanto que explorar sobre el significado de ese país y su notable rey, Nabucodonosor. En pocas palabras, Dios seleccionó a Nabucodonosor como un instrumento único para establecer la frecuencia predeterminada de nuestro sistema mundial.

Babilonia es conocida como el primer reino que destruyó Jerusalén y está representada como la cabeza dorada de la estatua en el sueño de Nabucodonosor con Daniel. Esta estatua simboliza todos los reinos terrenales, con la cabeza simbolizando una figura anti-Cristo.

En otras palabras, la mentalidad de Babilonia fomentaba comportamientos como el orgullo, la arrogancia, la autosuficiencia, la codicia, el ateísmo, el materialismo, la idolatría, la injusticia social y el juicio. La representación del oro como cabeza simboliza el profundo significado de la mente como el bien más preciado de la humanidad.

En consecuencia, presentar esta mentalidad como la vibración resonante que sustenta los cimientos de este sistema mundial debería suscitar importantes inquietudes entre quienes buscan la sabiduría humana por encima de la mente de Cristo.

Dios utilizó a Babilonia como instrumento para destruir y juzgar a Israel, capturando a su pueblo y destruyendo Jerusalén, incluido su templo. Este cautiverio causó mucha más devastación que un simple encarcelamiento. La mentalidad de Babilonia se arraigó tanto en los israelitas que, tras su liberación, mostraron una actitud anticristo similar en el contexto de las leyes mosaicas.

Esta mentalidad dio origen a los fariseos y saduceos, allanando el camino para la crucifixión de Cristo. Los lectores del Apocalipsis que se acercan al texto con perspicacia espiritual se dan cuenta rápidamente de que Jerusalén es representada como Babilonia. Las escrituras que siguen se refieren a esta "gran ciudad", que nosotros identificamos como Jerusalén.

> *Y otro ángel le siguió, diciendo: "Ha caído, ha caído Babilonia, **esa gran ciudad**, porque ha hecho beber a todas las naciones del vino del furor de su fornicación."*
>
> Apocalipsis 14:8 LBLA

> *Y sus cadáveres yacerán en la calle de **la gran ciudad que espiritualmente se llama Sodoma y Egipto, donde también fue crucificado nuestro Señor**.*
>
> Apocalipsis 11:8 LBLA

Juan demuestra el vínculo entre Roma, el sistema mundial, y el marco religioso del judaísmo, como se describe en los versículos siguientes.

Los versículos siguientes ejemplifican el modelo adoptado por todos los sistemas mundiales. Representa a la Ramera, que simboliza a Jerusalén, cabalgando sobre el gobierno de Roma para cumplir la misión de Dios de destruir a todos los que piensan como Babilonia:

> *Entonces me llevó en espíritu a un lugar desierto donde vi a una mujer sentada sobre una bestia escarlata que estaba cubierta de nombres blasfemos, con siete cabezas y diez cuernos.*
>
> *La mujer vestía de púrpura y escarlata y estaba adornada con oro, piedras preciosas y perlas. Llevaba en la mano una copa de oro que estaba llena de los hechos abominables y sórdidos de su prostitución.*
>
> *En su frente estaba escrito un nombre que es un misterio: "Babilonia la grande, la madre de las rameras y de las abominaciones de la tierra."*
>
> *Vi que la mujer estaba ebria de la sangre de los santos y de la sangre de los testigos de Jesús.*
>
> Apocalipsis 17:3-6 NAB

Esto refleja con exactitud el sistema mundial actual. Los sistemas políticos y la religión manifiestan la mentalidad o frecuencia transmitida al pueblo elegido de Dios por Babilonia, proliferando como un virus en todo el mundo. Naturalmente, ha tenido que evolucionar en miles, si no millones, de variaciones y culturas para sostenerse dentro de las civilizaciones.

La religión desempeña un papel crucial en la sociedad al mantener el control; sin embargo, para que sea eficaz, la población debe vivir con miedo. Por eso, la mayoría de los sistemas eclesiásticos hacen hincapié en el reino físico como realidad, con todo su caos y sus catástrofes inminentes.

Este modelo refuerza el uso del Antiguo Testamento, guiando a sus seguidores a evaluar todo el material físico a través de la lente de la ley. Nada divide más rápidamente que juzgar el bien y el mal como lo hace la ley.

La esencia central del sistema mundial es el miedo a la muerte, impulsando a todos los átomos a expresarse a través de esta mentalidad, manifestando el caos que esta creencia atrae, creando un ciclo sin fin que resuena dentro de la frecuencia de la muerte.

Jesús cumplió la Ley encarnando la presencia de Dios en la Tierra, restableciendo la conexión de la humanidad con el Creador. Sin embargo, cada generación busca signos y maravillas como prueba de la existencia de Dios.

Esto refleja el mismo espíritu anticristo que estuvo presente durante Su tiempo, el cual ha generado una frecuencia distintiva en el sistema mundial de hoy. Discutiremos ese tema en detalle pronto.

La frecuencia actúa como el lenguaje no verbal de la creación, y la resonancia se produce entre objetos cuyos átomos vibran a las mismas frecuencias. Por ejemplo, golpear un diapasón afinado en Do hace que todos los objetos de esa tonalidad vibren de forma similar.

Cada pensamiento genera energía que afecta a los átomos, produciendo vibraciones. Así, cuando muchos individuos expresan pensamientos similares, crean una vibración que refleja la frecuencia resonante o conciencia colectiva de su comunidad. Un ejemplo notable de este fenómeno se observa en las frecuencias registradas de la Tierra y de los seres humanos.

La Tierra resuena a 7,83 Hz, mientras que los humanos en reposo medimos unos 7,5 Hz, lo que subraya la profunda conexión entre las personas y el planeta. La humanidad está llamada a cuidar de esta Tierra, que exige una alineación armoniosa con toda la vida.

Jesús vinculó el arrepentimiento con el reino que se aproximaba, lo que requería una mentalidad específica. Este entendimiento apuntaló Su llamamiento a la gente para que huyera de Babilonia, como se señala en Apocalipsis 18:4.

> *Oí otra voz del cielo que decía:* **"Salid de Babilonia,** *pueblo mío, para que no participéis de sus pecados ni padezcáis ninguna de sus plagas.*
>
> Apocalipsis 18:4

Además, en el versículo siguiente, Dios provocó la destrucción de Jerusalén debido a su resonancia espiritual con la frecuencia del Anticristo. Esto tiene un significado considerable para aquellos que están

CAPÍTULO 11 | RESONANCIA DE BABILONIA

convencidos de que pueden alterar este sistema. Este sistema encarnará perpetuamente el sistema del Anticristo como consecuencia de la elección de Adán.

> *Sus cadáveres yacerán en la calle de la gran ciudad que espiritualmente se llama Sodoma y Egipto, donde también fue crucificado su Señor.*
>
> Apocalipsis 11:8

El cambio en este sistema empieza desde dentro, empezando por nuestra atención. Centrarnos en el presente evita que nuestra mente se quede en el pasado o en el futuro. Este pequeño ajuste influye en la energía que emitimos y absorbemos.

La frecuencia de la humanidad en este planeta refleja la de una persona en estado de sonambulismo. Sin embargo, el Espíritu Santo está constantemente presentando oportunidades para experimentar frecuencias más altas para reemplazar las vibraciones por defecto que inconscientemente obtuvimos en la infancia.

Las personas eligen a menudo caminos para predecir su futuro, derivados de un sistema global arraigado en el miedo a la muerte. Al prever los resultados, la gente cree que puede protegerse de este miedo, pero esta ilusión de seguridad restringe nuestra capacidad de abrazar lo desconocido.

La creación se despliega y transforma, revelando secretos que a menudo pasan desapercibidos en nuestro inconsciente. Observar la eternidad en el presente nos ayuda a comprender que Su amor supera nuestros temores. Relajarse en este conocimiento permite que nuestras necesidades sean satisfechas de forma extraordinaria, ya que la provisión existe ahora, no en el futuro.

La Biblia sirve como guía principal para ilustrar los resultados de seguir cualquier doctrina o mentalidad que refleje un espíritu anticristo. Entender la Biblia como un texto cohesivo permitirá al Espíritu Santo transformar radicalmente su capacidad de vivir como hijos de Dios.

> *Y Jesús, lleno del Espíritu Santo, volvió del Jordán, y era guiado por el Espíritu en el desierto.*
>
> Lucas 4:1 LBLA

> *Porque todos los que son guiados por el Espíritu de Dios, éstos son hijos de Dios.*
>
> Romanos 8:14 RVR

> *Pero si sois guiados por el Espíritu, no estáis bajo la ley.*
>
> Gálatas 5:18

CAPÍTULO 11 | RESONANCIA DE BABILONIA

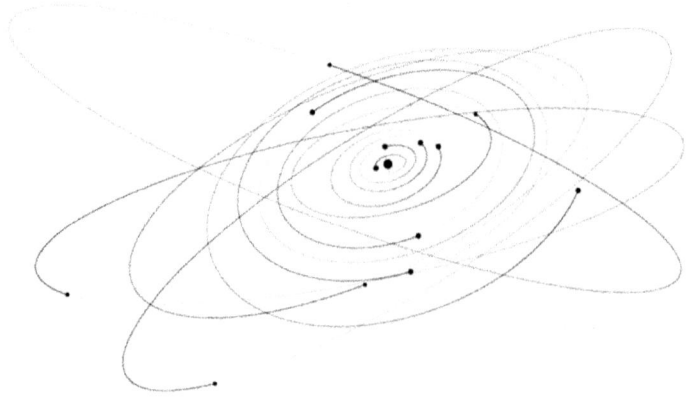

CAPÍTULO 12

LA BIBLIA
SIN DIVISIONES

La separación y la división nos distraen significativamente de la conexión con el Espíritu de Dios. Una razón principal por la que podemos experimentar esta desconexión es nuestra búsqueda de algo que percibimos como carente.

Por ejemplo, cuando deseamos algo como un coche, un trabajo, una casa o la fama, es fácil justificar ese sentimiento de carencia basándonos en una evaluación superficial de nuestra situación. Nuestros sentidos y emociones sirven como herramientas para evaluar nuestra condición física y afirmar nuestras motivaciones.

Toda búsqueda en esta dimensión tiene valor cuando somos conscientes de nuestras acciones e intenciones. Es importante escuchar, ¡ya que esto es significativo! Nuestro estado físico refleja nuestro deseo de abrazar este reino como Su hermosa creación llena de amor. Jesús murió y resucitó debido al inmenso amor de Dios por nosotros. El amor es el fruto de la fe; Dios cree en ti y te ama (su creación) sin juzgarte ni castigarte.

Todos los padres queremos lo mejor para nuestros hijos porque los queremos y tenemos fe en ellos. También queremos protegerlos sin controlarlos, aunque sepamos que sus decisiones pueden llevarles a la angustia y la miseria.

Nuestro Padre celestial opera de la misma manera, pero Su perspectiva es multigeneracional. Esto significa que no tenemos fin en Él porque somos espirituales, mientras que esta dimensión material es totalmente lineal.

Por lo tanto, si se nos enseña esto desde una edad temprana, nuestro deseo de alcanzar la perspectiva de nuestro Padre celestial superará nuestras ansias de experimentar un material lineal carente de sustancia.

Esta tendencia es más evidente entre quienes reconocen el poder de la unidad en pensamiento y sentimiento. La capacidad de permanecer centrado en el momento presente disminuye el deseo de separarse del todo y resistirse a la ilusión de la sustancia como realidad.

CAPÍTULO 12 | LA BIBLIA SIN DIVISIONES

Este capítulo revela el poder de la unidad que describe a Dios. El hombre fue creado como varón y mujer, ilustrando el orden y el propósito de Dios para vivir en Él, como describe Pablo en Efesios 1:4.

> *así como nos escogió en Él antes de la fundación del mundo, para que fuésemos santos y sin mancha delante de Él en amor,*
>
> Efesios 1:4

El reto de comprender esta verdad proviene de nuestro condicionamiento y tendencia a temer lo que no podemos predecir o controlar, en particular el momento presente.

El poder perdurable de la palabra escrita de la Biblia procede de su origen espiritual, que nos une. Además, lo sobrenatural nos cautiva porque creemos en su autenticidad.

Además, la verdad de las Escrituras es una fuerza divina que nos recuerda que nuestra fuente es Dios, que es amor. La Biblia es el testamento que Dios eligió para documentar la historia de amor más increíble jamás contada.

> *Tanto amó Dios al mundo que dio a su Hijo unigénito, para que todo el que crea en él no perezca, sino que tenga vida eterna.*
>
> Juan 3:16

La Biblia relata el extraordinario nacimiento, vida, muerte y resurrección de Dios a través de Jesús. Esta es la manifestación de la profecía de Dios que se encuentra en Génesis 3.

> *Y pondré enemistad entre ti y la mujer, y entre tu descendencia y su descendencia;* ***él te herirá y te pisará la cabeza, y tú le acecharás y le herirás en el calcañar.***
>
> Génesis 3:15 AMP

La profecía de Dios se cumple a través de pactos y milagros a lo largo de milenios, preservando las historias hasta que se documentan en la Biblia. Muchas cosas fueron ocultadas a los ángeles, y como afirma Juan 21:25, el mundo no puede contener todo lo que Jesús realizó.

> *Dios reveló a los profetas que lo que habían dicho no era para su propio beneficio, sino para el vuestro. Lo que los profetas habían dicho, el Espíritu Santo, enviado del cielo, os lo ha dado a conocer ahora por medio de los que difunden la Buena Nueva entre vosotros.* ***Son cosas que hasta los ángeles quieren investigar.***
>
> 1 Pedro 1:12 GWT

CAPÍTULO 12 ❚ LA BIBLIA SIN DIVISIONES

> *Pero hay también muchas otras cosas que Jesús hizo, tantas que si se describieran todas en detalle, **supongo que el mundo mismo no podría contener los libros** que habría que escribir.*
>
> Juan 21:25 WEY

■ FRECUENCIA DE LA VERDAD

El poder de la profecía no reside en las palabras físicas, sino en la atmósfera espiritual que crean sus vibraciones. La frecuencia de la eternidad que reside en la palabra de Cristo obliga a la materia a transformar y manifestar lo que se dice.

Aquí hay algo que debes entender. Leer palabras escritas no es lo mismo que oír a la persona citada. ¿Por qué? El sonido es multidimensional, mientras que las palabras escritas son bidimensionales.

Para captar verdaderamente la esencia de la palabra escrita de Dios, nuestros ojos y oídos deben resonar con la frecuencia del amor. El amor y la fe existen dentro del ancho de banda intemporal de la eternidad, por lo que las Escrituras no deben verse a través de una lente lineal.

El miedo y la dualidad resuenan dentro de este sistema mundial, que obliga a discernir el bien del mal. La verdad es una frecuencia que se establece a través del amor, que es Dios, el único Juez Justo. La verdad es lo que nos devuelve a nuestro origen.

La Biblia se despliega dinámicamente después de que la Palabra de Dios habla en Génesis 1:3, potenciando el vacío para convertirse en la obra acabada antes de tiempo. El reino eterno no tiene fin; así, la Palabra de Dios es, fue y será siempre el principio y el fin de todas las cosas visibles e invisibles.

La Biblia que leemos hoy utiliza palabras de esta dimensión para traducir e interpretar conceptos espirituales destinados a describir la creación de todas las cosas materiales, lo que exige su separación.

Dios separó a la mujer del hombre, y las aguas de las aguas. Esta separación debía ser temporal hasta que el mal pudiera ser juzgado. Nuestra revelación de Cristo debe conducirnos finalmente a la unidad en Él.

Cuanto más crece esta revelación dentro de nuestro espíritu, más poderosa se vuelve nuestra atención al eterno momento presente, porque ése es el lugar tanto de la plenitud como del descanso en Dios.

Las Escrituras han moldeado profundamente mi camino con Cristo. Acercarse a la Biblia como un texto unificado, sin separar el Antiguo y el Nuevo Pacto, ofrece una experiencia rica y multidimensional.

Esto implica que la auténtica transformación espiritual requiere unidad, que sólo se consigue cuando evitamos dividirla en Antiguo y Nuevo Testamento. Considerarlo como un todo implica un cambio mental transformador. Por ejemplo, la mayoría de las obras clasificadas como "Nuevo Testamento" son de autoría paulina.

Pablo sólo tenía acceso al Tenakh, que constaba de 24 libros del Antiguo Testamento.

Esto pone de relieve que todas las cartas escritas por Pablo hacen referencia a escrituras de la Antigua Alianza que se cumplen con Jesús. El Nuevo Testamento no introduce nada nuevo. La división de la Biblia tenía la intención de mantener a la gente separada y dependiente de la religión en lugar de depender del Espíritu Santo.

Creo que la Biblia es un texto unificado inspirado por el Espíritu Santo para despertar a los que están en Él antes de que el mundo fuera formado por la conciencia de pecado de Adán.

Pablo descubrió a Jesús en el Espíritu a través de esos textos sagrados, que cumplen la finalidad de la Biblia. Su carta a Timoteo demuestra que todas las Escrituras están inspiradas espiritualmente y destinadas a transformar el destino de quien busque la verdad.

> *y que desde la infancia has conocido las sagradas escrituras que pueden* **hacerte sabio y ayudarte a obtener la salvación mediante la fe en Cristo Jesús.**

> ***Toda Escritura es inspirada por Dios** y sirve para enseñar, para convencer, para corregir el error y para instruir en el recto proceder.*
>
> 2 Timoteo 3:15-16 WEY

Por lo tanto, la Biblia es, de hecho, el intento del hombre de reproducir las palabras de Dios pronunciadas en esta dimensión. Desafortunadamente, debido a que la raza humana nace en la conciencia de pecado de Adán, las interpretaciones se dividen en libros, capítulos, versículos, y el Antiguo y Nuevo Testamento.

Esto no hace que la Biblia sea irrelevante o carezca de importancia, sino que demuestra el poder del reino espiritual sobre esta dimensión, a pesar de las interpretaciones erróneas y las divisiones reflejadas por la multitud de denominaciones.

La religión siempre ha sido un fenómeno creado por el hombre a partir de nuestro limitado conocimiento de nuestros orígenes espirituales. En consecuencia, ha habido innumerables guerras y derramamientos de sangre, todo en nombre de la religión.

Sin embargo, incluso con sus configuraciones e interpretaciones actuales, el poder de lo divino resuena para atraer a los que están "EN ÉL" desde antes de la fundación del mundo.

El Antiguo Testamento contiene el mayor número de libros de la Biblia. Aunque hay varias razones para ello, muchos están de acuerdo en que su propósito principal es proporcionar pruebas genealógicas del linaje del Mesías y trazar proféticamente los acontecimientos históricos que condujeron al nacimiento de Jesucristo.

Cada libro sirve como un diario profético destinado a ilustrar lo que creo que es el único acontecimiento físico en la Tierra que actúa como puerta de entrada al reino invisible de Dios.

El nacimiento, la muerte y la resurrección de Cristo son innegablemente los momentos más significativos de la historia, que alteraron fundamentalmente la trayectoria de la humanidad. Aunque puedan surgir discusiones sobre los detalles de estos acontecimientos, nada en el ámbito físico podrá compararse jamás al restablecimiento del reino de Cristo aquí.

En realidad, la Antigua Alianza no sólo se cumplió; la resurrección de Cristo transformó este mundo material de forma permanente. Esta idea es difícil de aceptar si seguimos atados a las leyes religiosas de Moisés.

El Espíritu escribió la Biblia para seres espirituales, lo que la hace impopular entre los intelectuales y difícil para quienes dependen de sus sentidos. Sin embargo, nuestro origen como espíritus es vital, lo que nos concede la oportunidad única de ser guiados por un Espíritu Santo dispuesto.

El conflicto entre confiar en lo visible y lo invisible ha existido desde la creación, culminando en un diluvio que preservó el linaje de Noé. Aunque la familia de Noé sobrevivió, el pecado siguió siendo inherente a todos los nacidos en la Tierra debido al compromiso de Dios con el libre albedrío.

El pecado es la fuerza que provoca la muerte física en esta dimensión. No son tus acciones las que constituyen el pecado, sino tus creencias, y rápidamente descubrimos que la primera creación de Dios no creía en Él.

El mensaje central de la Biblia emana de un amor y una majestad divinos que trascienden los conceptos humanos de salvación por la gracia, culminando en Cristo resucitado.

Este es el secreto de caminar espiritualmente en la carne mientras percibimos y escuchamos a nuestro Padre Celestial. Aquellos que reconocen esto son los verdaderos Hijos de Dios y han abrazado la totalidad en Dios.

Aunque muchos reconocen que Jesús venció a la muerte, a otros les cuesta aceptar que su verdadera esencia -el espíritu- también compartió esta victoria con Cristo. La muerte infunde miedo a muchos; sin embargo, si ya has muerto con Jesús, no hay razón para temer.

Para que tu fe prevalezca sobre el miedo, esta conciencia debe pasar de ser un mero concepto a una base sólida que comienza con nuestro pensamiento. La incredulidad crea nuestro miedo, que proviene de la conciencia de pecado que heredamos al nacer.

Nuestra mentalidad cambia una vez que comprendemos nuestra esencia espiritual, que se realiza en la cruz. Este proceso requiere la muerte de nuestra propia imagen, como hizo Jesús. Sin embargo, nuestra imagen proviene de nuestra creencia de que no somos uno con Dios.

Jesús se convirtió en el Cristo al cumplir el mandato de Dios como hombre sin pecado. En la cruz, hizo un pacto con Su Padre para mantener la ley y restaurar el Reino de Dios en la tierra a través de Su presencia como El Cristo.

> *Dios hizo una promesa a Abraham. Como no tenía a nadie más grande en quien basar su juramento, lo basó en sí mismo.*
>
> Hebreos 6:13 GWT

¿Recuerdas que cuando Dios estableció un pacto con Abraham, lo hizo consigo mismo para garantizar su permanencia? Esto es precisamente lo que Cristo logró en la resurrección.

Es crucial destacar que fuimos testigos de ese momento antes de tomar forma humana. Pablo lo expresa en Efesios 1:4, afirmando que existíamos en Él antes de la fundación del mundo.

Abraham, conocido como el "padre de la fe", ejemplificó el reino de Dios en la tierra al alinear su corazón y su mente con Dios. Encarnó la alianza que Dios estableció con la humanidad a través de sí mismo.

Sin embargo, prefiguraba la alianza que establecería con cada uno de nosotros que entrara en relación con el Cristo resucitado. Esto es significativo porque las religiones de hoy animan a sus seguidores a formar un pacto con Jesús de Nazereth. Ese pacto es esencial para la salvación, pero nos coloca firmemente dentro del sistema babilónico de este mundo.

El notable objetivo de Dios al concluir sus pactos temporales era establecer un pacto perpetuo dentro de cada individuo. Esto nos invita a abrazar una perspectiva verdaderamente nueva que trasciende nuestra existencia terrenal.

Jesús instó a sus seguidores a buscar y entrar en el reino invisible de Dios. Dios ha cumplido todas las profecías necesarias y ha eliminado los obstáculos espirituales para nuestra entrada en Su Reino. Aquellos que sugieren lo contrario interpretan la Biblia a través de la separación en lugar de la Unidad del Cristo resucitado.

La Biblia actual refleja el débil intento de la humanidad de recrear el Arca de la Alianza con fines religiosos. Al igual que Israel transportó a Dios en una caja de madera por el desierto, la Biblia actual tiene un propósito similar. Fuimos creados para ser el Arca viviente de Dios, estableciendo una alianza eterna con Cristo resucitado.

■ EL ORIGEN DE LA BIBLIA ACTUAL

Para quienes no estén familiarizados con su origen, he incluido un artículo de Mallory Challis en el que se describe el proceso.

Tradición oral

Los eruditos suelen suponer que *la tradición oral* entre las primeras comunidades israelitas es donde se originó el contenido de la Biblia. Esto, por supuesto, no puede demostrarse con manuscritos documentados, por lo que es difícil señalar una fecha o año concretos en que empezaron a existir los relatos que se encuentran en la Biblia hebrea, lo que los cristianos llaman el "Antiguo Testamento".

Manuscritos originales: Biblia hebrea

Se ha debatido cuándo empezó a escribirse la Biblia hebrea, pero los manuscritos más antiguos de un texto bíblico que han encontrado los arqueólogos son *los Rollos de Ketef Hinnom*, que se escribieron en el siglo VII a.C.

Leen en hebreo: "Que Yahvé te bendiga y te guarde; que Yahvé haga brillar su rostro sobre ti y te conceda la Paz". Esto es similar a Números 6:24-26.

Es posible que la literatura hebrea existiera en alguna forma mucho antes del 700 a.C., pero no disponemos de esos documentos físicos. Las copias más antiguas de partes de la Biblia hebrea proceden de *los Rollos del Mar Muerto*, un conjunto de textos hallados en las cuevas de Qumrán y que incluyen manuscritos bíblicos y no bíblicos. Pueden datarse entre los siglos III y I a.C.

El Texto Masorético, elaborado en el siglo X de nuestra era, fue el primer manuscrito completo de la Biblia hebrea. Este texto se sigue utilizando en las sinagogas y es el manuscrito hebreo completo en el que se basan todas las traducciones modernas del Antiguo Testamento.

La primera traducción bíblica conocida es la Septuaginta, la primera traducción griega de las Escrituras hebreas. La Septuaginta fue creada para los judíos de habla griega e incluía libros que, con el tiempo, los judíos decidieron que no tenían autoridad.

Pero los cristianos de la época aceptaban estos libros como si tuvieran algún tipo de autoridad, aunque con el tiempo los cristianos llegarían a discrepar al respecto. Estos textos son los apócrifos, escrituras para católicos y ortodoxos, no para protestantes.

Los textos del Nuevo Testamento son más fáciles de rastrear, ya que los primeros cristianos conservaron mejor estas cartas y narraciones. Aunque se debate sobre la datación exacta de cada libro del Nuevo Testamento, se admite que todos los libros del Nuevo

Testamento canonizado se escribieron entre los años 48 y 125 de nuestra era.

La primera colección unificada de libros del Nuevo Testamento se produjo a finales del siglo IV de nuestra era: *el Codex Sinaiticus*. Los conservadores de un proyecto de preservación describen el Códice Sinaítico como "uno de los libros más importantes del mundo". Escrito a mano hace más de 1.600 años, el manuscrito contiene la Biblia cristiana en griego, incluida la copia completa más antigua del Nuevo Testamento. **Su texto, muy corregido**, tiene una importancia extraordinaria para la historia de la Biblia y el manuscrito, el libro sustancial más antiguo que ha sobrevivido a la Antigüedad".

Trigésima novena carta festal

No fue hasta finales del siglo IV cuando la colección de libros del Nuevo Testamento fue reconocida por primera vez como "canónica" junto a la Biblia hebrea.

En 367 d.C., el padre de la Iglesia Atanasio escribió su Trigésima Novena Carta Festal, en la que reconocía lo que se denomina el "canon cerrado" de la Biblia.

Aunque discutida por otros, su carta reflejó en última instancia lo que se convertiría en canónico en el Nuevo Testamento, trazando una nítida línea entre los textos que él consideraba aptos para el uso eclesiástico, y los textos que él pensaba

que eran heréticos y, por tanto, considerados "apócrifos".

Esta carta fue una respuesta a las batallas contra la herejía que los primeros padres de la Iglesia estaban experimentando en ese momento. **Atanasio quería proteger la ortodoxia cristiana del *arrianismo*, la herejía no trinitaria según la cual Jesús no era Dios, sino una criatura hecha por Dios y, por tanto, subordinada a Dios Padre.**

Atanasio sentó las bases del canon bíblico, aunque las conversaciones sobre qué libros debían considerarse "canónicos" continuaron durante bastante tiempo.

No fue hasta abril de 1546, durante el Concilio de Trento, cuando la traducción latina de la Vulgata se afirmó como la versión autorizada de las Escrituras. Y así nació la Biblia tal como la conocemos.

La Vulgata latina **fue traducida por San Jerónimo en el año 382 de nuestra era. Fue la primera versión latina completa de todo el Antiguo y el Nuevo Testamento, además de los apócrifos, traducida para su uso en la Iglesia de habla latina de la época.**

Aunque existían otras versiones latinas de la Biblia anteriores a ésta, la Vulgata las estandarizó. Además, a lo largo de la historia de la Iglesia han existido diferentes versiones de la Vulgata, como la Biblia de Gutenberg, publicada en la década de 1450, pero que hoy no utilizan muchos cristianos.

CAPÍTULO 12 | LA BIBLIA SIN DIVISIONES

El Nuevo Testamento de William Tyndale se convirtió en la primera parte impresa de la Biblia protestante traducida directamente del hebreo y el griego.

En aquella época era ilegal traducir la Biblia a una lengua vernácula, aunque Tyndale lo hizo de todos modos para hacerla más accesible a la lectura. Por ello, fue ejecutado por la Iglesia Católica en 1536, antes de que terminara su traducción de la Biblia.

Miles Coverdale completó la traducción para él, terminando la primera traducción completa de la Biblia en inglés.

Más tarde se tradujo la Biblia de Douai-Rheims, no de los manuscritos originales hebreos y griegos, sino de la Vulgata latina al inglés, publicada en dos partes diferentes.

El Nuevo Testamento se publicó en 1582, y el Antiguo Testamento, 30 años más tarde, entre 1609 y 1610.

La Biblia Douai-Rheims fue la Biblia estándar para los católicos de habla inglesa hasta la década de 1960 y, al estar destinada al uso en la Iglesia católica, incluye algunos textos que no aparecen en las Biblias protestantes.

Estas traducciones históricas de la Biblia sentaron las bases de las traducciones modernas que hoy reconocen los cristianos. Ahora, todas las traducciones modernas de la Biblia al inglés se basan en los textos hebreos y griegos, y no se traducen al latín.

Así, desde la tradición oral, pasando por el hebreo, el griego, el latín y el inglés, la colección de libros que hoy llamamos "Biblia" tiene una historia bastante larga. [2]

El término griego para Biblia es en realidad "rollos", lo que nos da una idea de la mano del hombre en la creación de la Biblia. La Biblia, tal como la conocemos hoy, representa, como mucho, una mera visión fraccionaria de la inmensidad del Espíritu y la sabiduría de Dios.

Además, la verdadera esencia de la Biblia se siente a través de los intercambios invisibles que ocurren dentro del alma de una persona durante las interacciones con nuestro Creador. Estas experiencias trascienden meras palabras en una página o interpretaciones y son parte de lo que motiva a leer este libro.

Puesto que Dios vive en nosotros como Espíritu Santo, podemos buscar la verdad libres de influencias históricas, situaciones actuales o interpretaciones sesgadas de las Escrituras. **Esto refuerza mi convicción de que una vez que establecemos una alianza viva con Cristo resucitado, nos convertimos en el Nuevo Testamento vivo.**

2 https://baptistnews.com/article/crash-course-in-bible-history-how-the-bible-came-to-be/

CAPÍTULO 12 | LA BIBLIA SIN DIVISIONES

Este libro, llamado Biblia, es una clave para comprender profundos misterios de Su creación a través del Espíritu Santo. Nuestro reto para descubrir estas verdades radica en el lenguaje y el condicionamiento. Este libro está escrito para proporcionar revelación e información para una comprensión más profunda del reino de Dios.

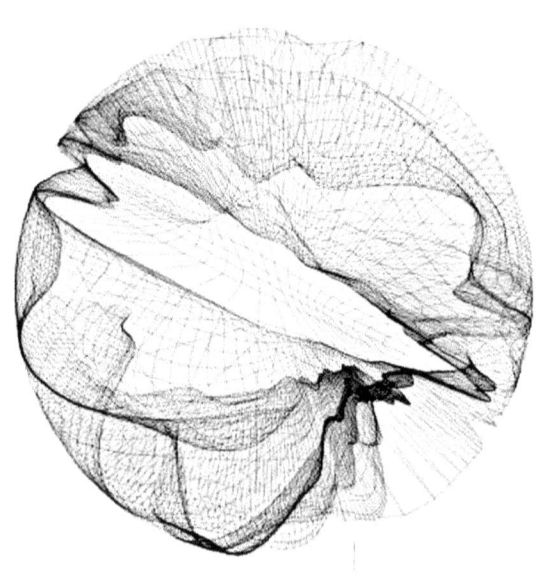

PACTOS

Hemos llegado al núcleo de nuestra búsqueda para descubrir qué obstaculiza nuestro anhelo de liberación de los desafíos que nos rodean. Los ecos de la muerte y la destrucción atormentan continuamente a los habitantes de este planeta. Desvelar esta verdad esencial les ofrecerá una libertad que impulsará su transformación y, lo que es más, abrirá el cielo sobre sus vidas.

Nuestro viaje para descubrir sus extraordinarios tesoros nos lleva a una de las asombrosas creaciones de Dios: los pactos. El fracaso de Adán llevó a Dios a implementar una escalera espiritual para restaurar la unidad con Su creación.

La desobediencia de Adán permitió que el espíritu anticristo, conocido como satanás, se convirtiera en el gobernante de la Tierra y del segundo cielo, influyendo en los pensamientos de la humanidad.

Uno podría preguntarse por qué Dios no desterró simplemente a Satanás y empezó de nuevo. La respuesta está en la rectitud de Dios, que le obliga a respetar las leyes espirituales que estableció. Él permite a la creación la libertad de elegir y respeta esas decisiones, encarnando la verdadera justicia.

Por lo tanto, Dios seleccionó a ciertos individuos en tiempos señalados para formar pactos que representaban los logros espirituales alcanzados antes de tiempo. Cada uno de estos pactos sirvió como una señal temporal, anticipando la resurrección de Su Hijo, quien habitaría en todos aquellos que estaban en Él antes de la creación del mundo.

¿Ves la belleza de esto? Estabamos en El antes de la fundacion del mundo pero ahora El esta en nosotros y nosotros en El. ¿Te recuerda esto a un versículo de Juan?

> *"**Dentro de poco el mundo ya no me verá, pero vosotros sí me veréis.** Viviréis porque Yo vivo.*
>
> ***Aquel día sabréis** que yo estoy en mi Padre y que vosotros estáis en mí y que yo estoy en vosotros".*
>
> Juan 14:19-20 GW

Jesús está explicando a sus discípulos que su presencia física está llegando a su fin porque ha completado su misión. Sin embargo, está descorriendo la cortina para que todos los que están en Él ante el mundo lo vean a Él y a Su Padre como Uno. Ese Día es el momento en que ven Su reino, como le explicó a Nicodemo en Juan 3. Ese día está disponible ahora, no sólo después de que mueras físicamente.

El pacto que restablecemos con Cristo ocurrió antes de nuestro primer aliento; sin embargo, el condicionamiento en esta dimensión ha borrado nuestros recuerdos y embotado nuestras frecuencias. Anímate, porque estás recordando tu futuro mientras lees.

■ LA TRAICIÓN DEL CIELO REPRODUCIDA EN LA TIERRA

La Biblia presenta varios pactos, pero esta discusión se centra en los acuerdos de Dios con cinco hombres específicos. Estos fueron clave para permitir que Su Hijo cumpliera el plan divino para la salvación de la humanidad y para permitir que los individuos formaran un pacto personal con Él espiritualmente.

La traición de Adán pareció subrayar un profundo fracaso por parte de Dios, que tuvo como consecuencia la inundación de la tierra y la muerte de toda la humanidad, excepto Noé y su familia. Sin embargo, este acontecimiento allanó el camino para Su gran designio, que establecería para siempre Su Reino en la tierra y confirmaría Su autoridad en el cielo.

Los profetas Isaías y Ezequiel describen una escena celestial en la que Lucifer lidera una rebelión en el cielo para derrocar a Dios. Su traición persuadió a millones de ángeles a intentar un golpe que reflejara lo que sucedería en la tierra. Su fracaso, junto con la traición de Judas, trajo la muerte eterna a ambas figuras.

Los profetas describieron acontecimientos en el cielo que llevaron a Dios a ocultar su plan divino a los ángeles. Este plan tenía por objeto eliminar a los que se le oponían tanto en la tierra como en el cielo. El Adán final de Dios logró la restauración de Su reino en la tierra, reflejando su forma celestial.

Los acontecimientos celestiales representados en las siguientes escrituras sirvieron como telón de fondo invisible en la tierra, culminando en la traición de Judas y la crucifixión de Jesús:

> *¡Cómo caíste del cielo, lucero del alba, hijo de la mañana! ¡Cómo has sido derribado a tierra, tú que humillaste a las naciones!*
>
> *Dijiste en tu corazón: Subiré al cielo, elevaré mi trono sobre las estrellas de Dios; y me sentaré en el monte de reunión, en los confines del norte. Subiré sobre las alturas de las nubes; me haré semejante al Altísimo.*

> *Y seréis llevados al Seol, al extremo de la fosa.*
>
> Isaías 14:12-15 WEB

> *Tú eras el querubín ungido que cubre. Luego te establecí en el monte santo de Dios. Has caminado arriba y abajo en medio de las piedras de fuego.*
>
> *Eras perfecto en tus caminos desde el día en que fuiste creado, hasta que se halló en ti maldad.*
>
> Ezequiel 28:14-15 WEB

El espléndido diseño de nuestro Creador refleja un amor infinito. Esta escritura, a menudo citada pero frecuentemente malinterpretada, resume ese amor:

> *"Porque tanto amó Dios al mundo que dio a su Hijo único, para que todo el que crea en Él no muera, sino que tenga vida eterna".*
>
> Juan 3:16

El elemento clave de esta escritura se hace evidente cuando sustituimos "mundo" por "conciencia", enfatizando la mentalidad que cada individuo hereda al nacer. Jesús, el Hombre-Dios, se convirtió voluntariamente en el cordero del sacrificio por la conciencia de pecado de la humanidad, que se originó con la traición de Adán.

Esto representa un amor divino que trasciende la comprensión humana. Por eso Jesús comenzó sus enseñanzas sobre el reino con una llamada al arrepentimiento, animándonos a cambiar nuestra mentalidad. Nuestros pensamientos están corrompidos por generaciones de duda e incredulidad, moldeados por la contaminación de satanás desde el segundo cielo antes de su expulsión.

El amor es un poder extraordinario que va más allá de nuestro mundo y encarna la esencia de Dios. El pacto de salvación comenzó con Israel a través de la Ley, que era temporal hasta que Jesús fue sacrificado por toda la creación.

El amor es el fruto de la fe, que trabaja en conjunción con la justicia, que se establece a través de pactos, el método que nuestro Creador y Rey utiliza para garantizar que lo visible refleje lo invisible.

Dios hizo un pacto con cada individuo en esta sección como una imagen profética de la redención victoriosa y el reino de Su Hijo, que se completó antes de que comenzara el tiempo. Esta es una clave esencial que cada uno de nosotros debe recordar. Nuestra redención fue comprada antes de nuestra manifestación física porque estábamos en Él antes de que hubiera tiempo.

He llegado a comprender que la salvación es un pacto transformador hecho posible por la cruz de Jesús, que concede la vida eterna a todos los que invocan Su nombre, sin importar sus circunstancias o mentalidad.

Sin embargo, esto representa sólo una fracción de lo que Jesús logró después de su resurrección.

Creo que Jesús devolvió el reino a su Padre al mismo tiempo que Dios confió este mundo a Jesús, como se describe en el libro de Corintios, que analizaremos en profundidad en la siguiente sección.

> *Luego viene el fin, cuando entrega el reino a Dios Padre, cuando ha puesto fin a todo gobierno y a toda autoridad y poder.*
>
> *El último enemigo a eliminar es la muerte.*
>
> 1 Corintios 15:24, 26 NET

A muchas personas les resulta difícil entender esta escritura, ya que han sido engañadas al pensar que Jesús regresará y que todavía estamos sujetos a la muerte física. Estos malentendidos surgen de una mentalidad que enfatiza nuestra existencia física en lugar de reconocer nuestra esencia espiritual.

Para apreciar realmente la realeza y la sabiduría de Dios, comenzamos explorando Su primer pacto. A medida que abramos nuestros corazones a los diferentes pactos, descubriremos que Sus caminos profundizan nuestro entendimiento, ayudándonos a expandirlo de maneras maravillosas más allá de lo que conocemos actualmente.

■ PACTOS TEMPORALES

A. NOÉ

Comenzamos con Noé para examinar los pactos y observar la magnificencia del plan divino de Dios. El diluvio devastador que acabó con toda la vida, excepto Noé y su familia, se produjo debido al orgullo de Lucifer y a la implicación de los ángeles con los habitantes de la Tierra.

Hay que tener en cuenta que el caos en el cielo causado por la rebelión de Lucifer se reflejó también en la tierra. La traición de Adán aseguró que el pecado se extendiera a través de todas las generaciones, haciendo necesaria la llegada del "último Adán" para cumplir lo que el primer Adán no pudo lograr.

Sin embargo, la conciencia de pecado de Adán está presente en la sangre de cada persona nacida en este reino. La negativa a aceptar esto es la razón por la que la ciencia seguirá vagando por el desierto, como los primeros israelitas intentando descubrir el "secreto de la vida" que validará su incredulidad en Dios.

Usted podría preguntarse: ¿No pudo Dios salvar siempre a su creación caída? Aunque tenía la capacidad, reconoció que alterar el resultado de nuestro libre albedrío socavaría la fe, que es la fuente de Su amor y el fundamento de Su ser.

Noé sirvió de recipiente para el pacto inicial de Dios, destinado tanto al planeta como a sí mismo. El gran diseño de Dios exigía un universo y un planeta en orden armonioso. El pacto con Noé, marcado por un arco iris, garantizaba la seguridad y la redención de la "tierra" y del universo dentro de esta dimensión.

> *El olor del sacrificio agradó a Yahveh, y se dijo a sí mismo: Nunca más pondré la tierra bajo maldición a causa de lo que hace la gente; sé que desde que son jóvenes sus pensamientos son malos.* **Nunca más destruiré a todos los seres vivientes, como lo he hecho esta vez.**
>
> Génesis 8:21

> "Cuando el arco iris aparezca en las nubes, lo veré y **recordaré el pacto eterno entre todos los seres vivos de la tierra y yo.**
>
> Esa es la señal de la promesa que hago a todos los seres vivos".
>
> Génesis 9:16-17 TEV

He encontrado interpretaciones que hacen referencia a la carta de Pedro, que menciona un fuego divino destinado a devastar la tierra. Este es otro ejemplo de la mentalidad ignorante que contribuyó a la formación de la Biblia actual. Los pactos de Dios pretenden unir a Su creación, en lugar de las religiones y Biblias creadas por el hombre que pretenden dividirnos.

Los humanos tomaron conciencia del arco iris tras perder su ancho de banda espiritual como Hombres-Dios. En términos más sencillos, esta pérdida significó renunciar a su estatus superior en el segundo cielo, junto con las frecuencias vibratorias de esa dimensión.

Cuanto más nos centramos en el mundo material, más densa se vuelve nuestra longitud de onda vibratoria. Como resultado, una vibración más lenta atrae nuestra atención más hacia el reino material y las sombras creadas por las luces del cuarto día en este reino.

Antes de que la humanidad perdiera su autoridad espiritual, resonábamos en una frecuencia superior, como la luz del primer día en Génesis 1. Esta luz era incolora; perder esa frecuencia nos permite ver colores, lo cual, aunque hermoso, significa nuestra separación de la Unidad.

B. ABRAHAM

Abraham ejemplifica el modelo de fe por excelencia a través del cual Dios difundió Su amor por toda la tierra. Creo que Dios se acordó de Abraham cada vez que Israel le abandonó en favor de los ídolos. La longanimidad de Dios es, y siempre ha sido, una consecuencia directa de este pacto dinámico, ya que Él era consciente de que su linaje serviría como línea de sangre para Jesús.

La alianza de Dios con Abraham ejemplifica la naturaleza de Dios, sobre todo cuando se considera la voluntad de Abraham de sacrificar a Isaac, su único hijo. Este momento prefigura el sacrificio de Jesús, del que Dios finalmente libró a Abraham. No obstante, representa una fe que fue reconocida como justicia, captando la esencia que sustenta todos los pactos.

> *Cuando Dios hizo su promesa a Abraham, hizo un voto de hacer lo que había prometido. Como no había nadie más grande que Él, usó Su propio nombre cuando hizo Su voto.*
>
> Hebreos 6:13 TEV

Dios formó un pacto distinto consigo mismo para mantener la integridad y la justicia de la fe de Abraham. Además, este pacto refleja el que Jesús encarna en la cruz para toda la humanidad que invoca Su Nombre.

> **Hago este pacto contigo:** *Te prometo que serás el antepasado de muchas naciones.*
>
> *Cumpliré mi promesa contigo y con tus descendientes en las generaciones futuras como un pacto eterno. Yo seré tu Dios y el Dios de tu descendencia.*
>
> Génesis 17:4,7 TEV

Muchos de los descendientes de Abraham se convirtieron en instrumentos de satanás durante la crucifixión de Jesús debido a su acceso a las riquezas mundanas, a las que Jesús se refirió como Mamón. Aunque esta elección ofreció riqueza y fama, también condujo a la persecución y el sufrimiento. El espíritu anticristo representa a aquellos que piensan que este sistema mundano puede ofrecer la seguridad que desean, sin estar en pacto con Cristo.

Sin embargo, el pacto de Dios con Abraham estableció un pueblo bendecido que administraría y cosecharía los frutos de la tierra. Uno de los aspectos más significativos de este pacto fue la presentación de Abraham a Melquisedec.

Adán debía ser el administrador y sumo sacerdote de la tierra, pero su falta de fe corrompió tanto a la humanidad como a la tierra. Por consiguiente, tras la caída de la tierra, Dios buscó un sacerdote que sirviera a la humanidad y a la tierra. Este sacerdote fue Melquisedec, que reconectó el cielo y la tierra a través de su culto.

C. MELQUISEDEC

Incluyo a Melquisedec en la sección relativa al pacto temporal debido a su relación con Abraham. Nos convertimos en parte del sacerdocio bajo el orden de Melquisedec inmediatamente después de entrar en un pacto con Cristo resucitado. Jesús, como el último Adán, sirvió como administrador y sacerdote de Dios en la tierra, y esa misión divina nos es conferida en Cristo.

Dios introdujo maravillosamente Su sacerdocio espiritual a través de Melquisedec, especialmente desde que la ley de Moisés designó a la tribu de los levitas como sacerdotes. Esto formaba parte de un plan perfecto, ya que esta tribu estaba vinculada a Caifás y Anás, los sumos sacerdotes que desempeñaron un papel importante en la crucifixión de Cristo.

El pacto con Abraham sirvió como piedra angular del plan maestro de Dios, restaurando la justicia en la tierra a través de la fe tanto de Melquisedec como de Abraham. Cada pacto posterior se expandió sobre los cimientos establecidos por este juramento de sangre.

Dios hizo un pacto con el planeta a través de Noé, y Su pacto con Abraham estableció la línea de sangre para que Su Hijo restaurara Su Reino. Sin embargo, Él necesitaba un sacerdocio que pudiera ministrarle en nombre de Su creación.

> *Abraham dio a Melquisedec la décima parte de todo lo que había capturado. (a)*
>
> *Nadie sabe nada sobre el padre, la madre o los antepasados de Melquisedec. Nadie sabe cuándo nació ni cuándo murió. Al igual que el Hijo de Dios, Melquisedec sigue siendo sacerdote para siempre.*

> *Puedes ver lo importante que era Melquisedec. Abraham le dio la décima parte de lo que había capturado, a pesar de que Abraham era el padre del pueblo elegido.*
> Hebreos 7:2(a)-4 GWT

Dios estaba orquestando una serie de acontecimientos en la Tierra que requerían un sacerdocio espiritual duradero, a diferencia del sacerdocio levítico temporal. Melquisedec representaba este sacerdocio duradero y, al igual que el "Hijo de Dios", prefiguraba al sacerdote real de Dios, Cristo. Este sacerdocio ofrece constantemente adoración a Dios como resultado de la resurrección.

Melquisedec sirve como recordatorio de que los sacerdotes de Dios le adoran en espíritu y en verdad. Este aspecto constituye el requisito previo que Dios busca en Sus adoradores, pues esta forma de adoración facilita la provisión de la tierra para los sacerdotes de Dios.

Reconocemos el pacto de pan y vino que Abraham estableció con Melquisedec, pero ¿comprendemos plenamente que esto representaba un pacto con la tierra y todas las cosas materiales? Esencialmente, Dios estaba afirmando a Abraham que la tierra satisfaría generosamente todas las necesidades materiales de sus descendientes.

Melquisedec simboliza el sacerdocio eterno de Dios para toda la creación, tanto la visible como la invisible.

CAPÍTULO 13 | PACTOS

El sacerdocio de Melquisedec es a menudo mal entendido, ya que representa el sacerdocio espiritual a través del cual Cristo ministra eternamente.

Cuando entramos en una alianza con Cristo resucitado, podemos olvidar que Él y su sacerdocio residen en nosotros. ¿Comprendes realmente esto? A menudo nos llamamos a nosotros mismos "la Iglesia", pero resulta más evidente cuando comprendes que Cristo resucitado, en la forma de Melquisedec, vive dentro de ti. Encarnamos tanto la dimensión física como la espiritual de la creación, ya que la fuente viva de todo lo que se ve y lo que no se ve habita en nosotros.

El Melquisedec tangible vagaba por la tierra desprovisto de historia o linaje, representando a individuos fuera del tiempo y del espacio, existiendo en Cristo antes de la fundación del mundo. Servimos, conscientes de nuestras raíces más allá de este reino constreñido, liberados de la muerte y el miedo.

Dios previó la corrupción del Sacerdocio Levítico, reconociéndolo como un remedio temporal para la salvación hasta que Cristo pudiera morar dentro de aquellos que recuerdan que estaban en Él antes de la fundación del mundo.

La siguiente figura clave en Su plan fue Moisés, a quien el Faraón levantó. Una monumental batalla entre el bien y el mal estaba a punto de desarrollarse en Egipto. Curiosamente, fue el tataranieto de Abraham, José, quien salvó a la nación, preparando el escenario para esta confrontación.

D. MOISÉS

Más de mil años después de la muerte de Abraham, sus descendientes, conocidos como los hebreos, se convirtieron en esclavos en Egipto. En una notable continuación de Su promesa, Dios mantuvo Su pacto con Abraham formando un nuevo pacto con Moisés, garantizando así el cumplimiento del deseo de Abraham de liberar a sus queridos descendientes.

> *"Si me obedecéis y guardáis mi alianza, seréis mi pueblo. Mía es toda la tierra, pero vosotros seréis mi pueblo elegido".*
>
> Éxodo 19:5 TEV

El pacto de Dios con Moisés marcó el comienzo de un pacto colectivo temporal con los descendientes de Abraham, establecido a través de Su Ley y el sacerdocio levítico. La Ley Mosaica y los Diez Mandamientos constituyen la piedra angular de los conceptos sociales del bien y del mal, y sirven de base a nuestro sistema judicial. Además, al igual que en tiempos de Jesús, se han convertido en el modelo adoptado por las religiones de todo el mundo.

> ***Porque la ley, teniendo una sombra*** *de los bienes venideros, y no la imagen misma de las cosas, nunca puede con estos mismos sacrificios, que ofrecen*

continuamente año tras año, hacer perfectos a los que se acercan.

Hebreos 10:1 LBLA

Este pacto temporal proporcionó la salvación a todos los que se adhirieron a las instrucciones dadas a Moisés. Sin embargo, como se menciona en Hebreos, era sólo una sombra de la verdadera Luz, que se manifestó como Jesús.

Sin embargo, las iglesias de hoy exhiben la misma mentalidad que las de la época de Jesús. Para lograr el diseño y los planes de Dios, la Ley tuvo que ser establecida hasta la expulsión de Satanás, similar al destierro de Lucifer del cielo.

Moisés, apreciado por Dios, representaba la Ley que exigía rectitud e imponía consecuencias por la desobediencia. En consecuencia, no pudo cruzar el río Jordán por desobedecer la instrucción de Dios de hablar a la roca para pedirle agua; en su lugar, la golpeó. Esto puede parecer un castigo severo hasta que uno entiende el contexto completo.

La Ley fue un pacto temporal establecido a través de Moisés para cumplir la profecía de Dios en el Génesis, donde le dijo a la serpiente (parafraseando) que alguien te aplastaría la cabeza, aunque tú le herirías el talón. Dios sacrificaría a su Hijo para eliminar al acusador que utilizó la Ley para condenar a la creación.

Hubo un día en que los hijos de Dios vinieron a presentarse ante el SEÑOR, y también Satanás vino entre ellos.

Job 1:6 LBLA

En otra visión, el Señor me mostró al sumo sacerdote Josué de pie ante el ángel del Señor. Y junto a Josué estaba Satanás, dispuesto a presentar una acusación contra él.

El ángel de Yahveh dijo a Satanás: "¡Que Yahveh te condene, Satanás! Que el SEÑOR, que ama a Jerusalén, te condene. Este hombre es como un palo arrebatado del fuego".

Zacarías 3:1-2 TEV

Entonces oí una fuerte voz que hablaba en el Cielo. Decía: Ha llegado la salvación y el poder y el Reino de nuestro Dios, y la soberanía de su Cristo; porque ha sido arrojado el acusador de nuestros hermanos, el que día tras día y noche tras noche solía acusarlos en presencia de Dios.

Apocalipsis 12:10

La ley ordena explícitamente la ejecución de cualquiera que mate a un inocente. Así, Dios eliminó justamente a Satanás utilizando la misma ley que acusaba a los redimidos por Su sangre. Por desgracia, los daños colaterales también cayeron sobre Moisés, que desafió el mandato de Dios.

Por favor, comprenda que los mismos principios se aplican a quienes se consideran justos mientras juzgan y condenan a quienes tienen creencias diferentes. Esta actitud es un ejemplo de la ley, y las personas que continúen en este marco, ya sea a sabiendas o sin saberlo, se enfrentarán a repercusiones.

La maravilla de cómo Dios creó sus pactos con individuos y los expandió a una nación es realmente extraordinaria. Creo que el objetivo final es que encontremos el descanso, como hizo Dios en el séptimo día del Génesis. Nuestra capacidad para establecer un pacto con Cristo resucitado garantiza que cumplamos nuestra misión.

Cuando nos centramos sólo en la cruz, nos encontramos conectando nuestras vidas con el sistema babilónico que Jesús de Nazaret vino a desmantelar. Poner demasiado énfasis en la salvación puede parecernos a la Ley de Moisés, que implica que debemos sentarnos y esperar a que nuestro Mesías nos salve de este mundo. Es crucial que cambiemos nuestra mentalidad, como Jesús nos enseñó, para que podamos abrazar Su reino y alejarnos de esta trampa.

No obstante, si centrarte en la cruz y reafirmar tu alianza con Jesús de Nazaret te aporta paz, ¡es absolutamente maravilloso! Creo sinceramente que cada uno tiene su propio camino, y simplemente estoy aquí para compartir mis experiencias contigo.

Durante la Transfiguración de Jesús, Moisés tuvo una visión de la tierra prometida, en la que no pudo entrar físicamente. Esto subraya la realidad del reino invisible y advierte de que centrarse exclusivamente en el mundo físico disminuye la fuerza espiritual necesaria para la transformación.

Uno de los resultados más importantes de la ley de Dios es que revela el espíritu anticristo. La ley es el combustible que produce el espíritu anticristo, que es el mismo hoy como lo fue durante el tiempo de Jesús. Esto nos recuerda que los pactos físicos de Dios fueron una salvaguarda temporal para Su plan divino en la tierra y en los cielos.

Dios requería un guerrero de adoración para cumplir Su propósito último antes del advenimiento de Jesús. Su pacto con David se considera una de las declaraciones más poderosas de la tierra, ya que el reino de David anunció un milenio de paz que no se ha observado desde entonces, ni se volverá a observar.

E. DAVID

Ninguna figura de las Escrituras ejemplifica mejor a Jesús que David. El profundo afecto de David por Jehová se demuestra constantemente a lo largo de su vida y en los Salmos.

> *Guárdame como a la niña de Tus ojos;*
> Salmo 17:8 RVA

Los Salmos celebran la vida de David como adorador y guerrero, contribuyendo a la alianza de Dios con él. El mismo amor que llevó a Dios a sacrificar a Su Hijo fue compartido con David. La obra de David precede a la obra espiritual de Su Hijo.

David venció al espíritu del anticristo representado por los filisteos, en paralelo a la victoria de Cristo resucitado. Sus logros en la Tierra reflejan la misión espiritual eterna de Cristo, una conexión que a menudo pasan por alto los lectores de las Escrituras que se centran únicamente en el ámbito físico.

> **He estado contigo dondequiera que has ido y he destruido a todos los enemigos en tu camino. Yo te daré fama como la fama de los grandes de la tierra.**
> 1 Crónicas 17:8 LBLA

Además, el trono físico y la autoridad de David simbolizan lo que Cristo proporciona a sus seguidores hoy en día. Una vez que entramos en un pacto con Cristo, debemos abrazar nuestro papel como herederos de Su reino en los dominios espirituales y físicos. Esto significa que nos convertimos en reyes y sacerdotes como Melquisedec, poniendo a todos nuestros enemigos debajo de nosotros.

En el Salmo 22, Dios ilumina a David ante el horrible dolor de Jesús en la cruz, permitiéndole comprender su conexión espiritual con el que vendría a través de su linaje:

> *Dios mío, Dios mío,*
> *por qué me has abandonado*
>
> *Por qué estás tan lejos de mi liberación*
> *y de mis palabras de gemido*
>
> *Dios mío, lloro de día, pero no respondes,*
> *de noche, pero no tengo descanso.*
>
> Salmo 22:1-2 CSB

Esto demuestra que nuestra alianza con Cristo enriquece verdaderamente nuestra capacidad de recibir revelaciones que van más allá del tiempo y del espacio. A diferencia de David, Cristo ha terminado su obra, lo que permite que nuestra visión profética refleje lo que ya se ha logrado. Esto transforma cualquier temor a una fatalidad inminente en la alegría edificante de estar sentados con Él en Su reino.

> **Tu casa y tu reino serán afirmados para siempre delante de ti; tu trono será firme para siempre.**
>
> 2 Samuel 7:16 WEB

Esta escritura se ha cumplido; sin embargo, debido a nuestra creencia de que Jesús debe ocupar físicamente un trono en Jerusalén, muchos pasan por alto su perfección. Es importante leer esta escritura en el Libro del Apocalipsis teniendo en cuenta que el arreglo de este libro fue realizado por el hombre y no por el Espíritu Santo.

> *Vi a un ángel que bajaba del cielo con la llave del abismo y una gran cadena en la mano.*
>
> *Dominó a la serpiente, esa serpiente antigua, llamada Diablo y Satanás. El ángel encadenó a la serpiente durante mil años.*
>
> Apocalipsis 20:1-2 WEY

La realidad es que el pacto de Dios con David inició un milenio de paz y prosperidad en todo el mundo. Aunque este periodo haya concluido físicamente, comenzó espiritualmente con el nacimiento de Jesús.

La desafortunada verdad es que aquellos que crearon la Biblia, ya sea por ignorancia o por malicia, interpretaron el libro del Apocalipsis como un acontecimiento futuro.

Satanás fue encadenado y confinado durante un milenio, sin saber que el "aplasta-cabezas" se manifestaría el mismo día de su liberación. El trono de David se convirtió en el reino espiritual de Dios para todos aquellos con entendimiento.

Esta imagen ilustra la transformación de lo físico a lo espiritual en los pactos de Dios y muestra por qué no se debe fragmentar la Biblia. Dividirla conduce al caos y a la división.

Cada siervo de Dios cumplió su misión a través de estos pactos temporales, allanando el camino para una gloriosa ascensión al reino de Dios y nuestro legítimo reinado con Cristo. Este extraordinario plan se cumple en Cristo. La religión no puede comprender los caminos de Dios, ya que su autoridad no está ordenada divinamente. Jesús recalcó que la existencia terrenal no ofrece ningún provecho espiritual.

Este pacto es la parte final del extraordinario plan redentor de la historia, estableciendo Su reino y eliminando a todos los adversarios. Dios cumple majestuosamente la promesa de Génesis 3, llevando a todos los ángeles a glorificar eternamente Su nombre ante Su Trono.

■ PACTOS ETERNOS

A. NOMBRE SOBRE TODOS LOS NOMBRES ES LA SALVACIÓN

Ni la humanidad ni un templo pueden establecer un reino de justicia en la tierra. Por eso nació Jesús.

Su cuerpo físico se convirtió en el instrumento de Dios para un reino espiritual. El principal reto para los seguidores de Jesús es reconocer el poder de entendernos a nosotros mismos como espíritu y observar conscientemente nuestra tendencia a permanecer separados de la unidad.

El pacto de David sirvió como manifestación física de la fidelidad inquebrantable de Dios en el cumplimiento de sus compromisos con todos los individuos que entran en un pacto con Él. Sin embargo, Dios rechazó la petición de David de construir una casa o templo en Su honor. El templo contribuyó a la caída de Israel y a la crucifixión de Jesús, por lo que Dios distanció a David de aquella calamidad.

> *Jesús les dijo: "Vosotros sois de abajo. Yo soy de arriba. Vosotros sois de este mundo. Yo no soy de este mundo".*
>
> Juan 8:23 GWT

En esencia, era un Hombre-Dios infundido con la sangre de Su Padre, lo que indica que Sus pensamientos e imaginaciones diferían de los de la humanidad. Su existencia terrenal fue para cumplir el plan divino de Dios de hacer un pacto con cada uno de nosotros.

Antes de la crucifixión, Jesús bebió de la copa de vino, simbolizando Su sangre celestial a cambio de la sangre de Adán y toda su descendencia. Este pacto representa Su acuerdo con Su Padre para soportar la terrible muerte física y el posterior descenso a los infiernos.

La cruz del Gólgota representaba un sombrío destino fijado incluso antes de la creación del mundo, cumpliendo la profecía de Dios en el Génesis. Ninguna otra muerte en la tierra puede igualar esta brutalidad romana, que se nos anima a recordar siempre que nos enfrentemos al miedo a la muerte.

Este profundo sacrificio libera a la humanidad de la deuda contraída por la transgresión de Adán y se convierte en el sustituto de la salvación ofrecida sólo a Israel a través de la Ley.

Jesús cumplió el Antiguo Pacto y estableció el pacto de salvación para todos los que creen en Su sacrificio e invocan Su nombre como Joel y Pablo escriben en los siguientes versículos:

> *Entonces todo el que invoque el nombre de Yahveh se salvará.*
>
> Joel 2:32 LBLA

> *Así pues, "Todo el que invoque el nombre del Señor se salvará".*
>
> Romanos 10:13 GWT

Pablo indica en el Libro de los Hechos que su vocación era proclamar la gracia, que constituye la esencia de la salvación.

> *pero no hago cuenta de nada de esto, ni estimo mi vida preciosa para mí, **de modo que termino mi carrera con alegría, y el ministerio que recibí** del Señor Jesús, para testificar plenamente la buena nueva de la gracia de Dios.*
>
> Hechos 20:24

La salvación es la victoria que disfrutamos por la muerte de Jesús en la cruz, cumpliendo la ley y la promesa de Dios a Satanás en el Huerto. Sin embargo, no revela el reino invisible de Dios restaurado en la resurrección de Cristo. Jesús le dice a Nicodemo que veremos el reino invisible, que nunca he experimentado a través de la salvación.

> *Jesús le dijo: "En verdad te digo que **sin un nuevo nacimiento nadie puede ver el reino de Dios.**"*
>
> Juan 3:3 BBE

No obstante, ofrece importantes ideas sobre por qué las iglesias modernas dan prioridad al mensaje de la salvación. Este razonamiento se basa en la creencia de que la Biblia está correctamente dividida en Antiguo y Nuevo Testamento. Como resultado, existe la creencia de que las enseñanzas de Pablo son relevantes para cada generación a partir de hace 2000 años.

Muchos cristianos de hoy perciben la salvación como un don de Jesús, que se consigue recitando versículos de Romanos y sometiéndose al bautismo en agua. Creen correctamente que invocar el nombre de Jesús establece un pacto con Él, Jesús de Nazaret.

Sólo después de establecer un pacto con Cristo resucitado, que significaba un "nuevo nacimiento", despertó mi visión espiritual para reconocer lo que existe más allá del reino físico. Comprender esto me ha llevado casi 50 años, pero es una experiencia extraordinaria.

Además, el individuo perspicaz comprendería que la Biblia alcanzó su culminación el día de la resurrección de Cristo, ya que este acontecimiento representó el cumplimiento de la profecía original de Dios esbozada en el Génesis. Dios comunicó al diablo que su reinado sería temporal, ya que tenía la intención de enviar a Uno para derrotarlo en última instancia. (parafraseado)

> *"Aquel día sabréis que Yo estoy en Mi Padre y que vosotros estáis en Mí y que Yo estoy en vosotros".*
>
> Juan 14:20 LBLA

¿A qué día se refiere Jesús? Creo que es el día en que nos reunimos espiritualmente con nuestro origen en Él. Para mí, esto comenzó cuando trascendí mi pacto de salvación y me atreví a creer que podía pactar espiritualmente con el Cristo resucitado. Este viaje no tiene ni principio ni fin, que ahora veo como el séptimo día que Dios eligió como Su lugar de descanso.

B. CRISTO EL NUEVO TESTAMENTO

Para aquellos convencidos de que Jesús y Cristo son idénticos y que los pactos distintos no importan, comparto que esta fue mi creencia durante muchos años hasta que busqué genuinamente la guía del Espíritu Santo. No puedo decir si Sus respuestas vienen a usted como vienen a mí, pero para mí, Sus respuestas nunca son directas sí o no. Más bien, se comunica conmigo a través de experiencias inesperadas.

Por ejemplo, le pedí que me aclarara el concepto de "nuevo nacimiento" como si yo fuera Nicodemo. Inesperadamente, empecé a reconocer aspectos de la física cuántica, detalles que antes había pasado por alto. Esto no sólo despertó mi interés, sino que me permitió comprender las ideas. Mi comprensión ha crecido considerablemente más allá de mis capacidades e intereses iniciales, y sigue evolucionando.

Este proceso me inspiró a escribir la serie "siempre ascendiendo" porque nuestra conexión espiritual con Él es profundamente profunda: no hay nada en esta dimensión a lo que no hayamos contribuido o comprendido. NADA. Por eso no estamos separados de lo que definen nuestros sentidos, y mantener esa perspectiva limita nuestra capacidad de trascender la mentalidad de este reino.

La última alianza de Dios sirve como el hermoso modelo que utilizó con Abraham para establecer un linaje para Jesús. Él nos encarna, asegurando que nuestro pacto con Cristo nos devuelva a nuestro origen y nos proporcione abundancia a lo largo de nuestro tiempo en un cuerpo físico.

> *Bendito sea el Dios y Padre de nuestro Señor Jesucristo, que nos ha coronado de toda bendición espiritual en los ámbitos celestiales en Cristo.*
>
> *así como en su amor **nos escogió como suyos en Cristo antes de la creación del mundo**, para que fuésemos santos y sin mancha en su presencia.*
>
> Efesios 1:3-4 WEY

La Biblia muestra maravillosamente cómo Dios cumple sus promesas desde el Génesis hasta el Apocalipsis. Si tu vida no se está alineando con tus expectativas como creyente, tal vez valga la pena considerar si tu enfoque está verdaderamente en una relación con Cristo o más en las cartas de Pablo, Pedro y Juan. Estos hombres inspiradores experimentaron increíbles testimonios y revelaciones porque tenían un pacto genuino y vibrante con el Cristo resucitado.

Recordemos que Jesús expresó: "*Les he dado Mi gloria*", refiriéndose a sus apóstoles. Esto representa el poder sobre la muerte y el miedo asociado a ella. En mi opinión, Su gloria equivale a recibir el pacto que Él y Su Padre establecieron antes de la fundación del mundo.

Todos los apóstoles hicieron pactos con Cristo resucitado, pero su pacto nunca pretendió sustituir nuestro pacto personal con Él. El Reino de Dios es Su morada, y nuestro acceso es directamente proporcional a nuestro conocimiento de Cristo resucitado. Eso es lo que Él quiso decir en la siguiente escritura:

> *"No dejes que tu corazón se turbe. Cree en Dios. Cree también en Mí.*
>
> *En la casa de mi Padre hay muchas mansiones. Si no fuera así, te lo habría dicho. Voy a prepararte un lugar.*
>
> *Si me voy y os preparo un lugar, vendré otra vez y os recibiré a mí mismo, para que donde yo esté, estéis también vosotros.*
>
> *Vosotros sabéis adónde voy y conocéis el camino".*
>
> Juan 14:1-4 WEB

Jesús completó Su misión terrenal y partió para encarnar el reino, regresando como El Espíritu para que toda la humanidad estableciera un pacto con Su esencia resucitada, lo que puede verse en un nuevo nacimiento. Les dio la bienvenida a antes de su muerte física, lo que explica por qué realizaron obras mayores.

El objetivo de hacer un pacto con Cristo es que las personas representen el Nuevo Testamento en la tierra, recibiendo revelaciones cada vez mayores para compartirlas con las generaciones futuras. Cada generación no debe limitarse a las revelaciones anteriores de Cristo, o se convertirá en otra religión.

La Nueva Alianza de Cristo crece continuamente y resuena con las frecuencias dinámicas del Padre, cuyo compromiso de concedernos Su reino exige expansión para cumplir Sus propósitos divinos.

El poder infinito y la grandeza de lo divino trascienden continuamente el tiempo y el espacio, pero la religión rechaza sistemáticamente lo que no puede gobernar. Como resultado, cultiva una mentalidad en los individuos que los posiciona como víctimas dependientes de Cristo para la transformación. Esto representa el espíritu anticristo del que hablamos anteriormente, cuyas influencias dan forma a las leyes, los gobiernos, la educación y la comunicación dentro de nuestros sistemas sociales.

Aquellos que deseen establecer un pacto personal con Cristo encontrarán inspiración y cumplirán este increíble compromiso. No se necesita ningún menú o acción física, salvo el deseo de ser Uno con Él, como eras antes de convertirte en carne. Esta elección consciente permite el acceso del Espíritu Santo y ofrece revelaciones adicionales en tu viaje de regreso a tu origen.

Entendemos que necesitamos cambiar nuestra forma de pensar para ampliar nuestro ancho de banda mental, pero ¿con qué frecuencia reconocemos cuándo nuestra comodidad con lo conocido obstaculiza nuestro progreso? Esto pone de relieve la importancia de ser conscientes en cada momento.

Debemos evitar complicar nuestra relación con el Rey de Reyes mezclando creencias pasadas con el pacto hecho con Cristo resucitado. Esto pone de relieve la necesidad de permanecer centrados en el presente, ya que no hay errores pasados con los que luchar; el presente es eterno.

Contempla tu vida como la obra completa de Dios desde dentro; esta perspectiva transformará tu experiencia vital. Además, aumentará tu confianza en lo desconocido y fomentará la audacia en tus esfuerzos.

Los siguientes capítulos pretenden transformar nuestra forma de orar y creer. Te recuerdan lo que ya sabes pero que puedes haber olvidado debido a la complacencia. Mantenerse consciente ayuda a romper hábitos, permitiendo una mayor confianza en el Espíritu Santo.

CAPÍTULO 14

FE Y CREER

Hemos llegado a la sección del libro que ofrece consejos tanto prácticos como espirituales, que me han guiado en mi inquebrantable búsqueda de Su reino durante muchos años.

Sin embargo, es crucial reconocer que no existe un destino final, ya que siempre hemos existido. Hemos sido condicionados a creer que esta dimensión limitada y sus ilusiones son la realidad.

La fe es a la vez el origen y la culminación del amor. Así, quienes abrazan el amor de Dios depositan su confianza en Él. La fe no puede existir sin amor; los individuos que intentan orar sin amor o gratitud por sus circunstancias actuales están fuera de sintonía con la esencia de Dios. Profundizaremos en ello en el capítulo dedicado a la oración.

El momento presente es el hogar de la fe, ya que no posee ni pasado ni futuro; en realidad, no existe dentro de esta dimensión limitada. Recuerda que todas las cosas materiales tienen su origen en el reino invisible. Así, la fe es el fundamento de todo, tanto lo que se ve como lo que no se ve de Dios, que es en esencia amor.

Una observación que ayuda a establecer nuestra confianza en lo desconocido es cómo utilizamos los términos fe y creer. La fe y la creencia deben considerarse como una sola cosa, del mismo modo que Cristo y Su palabra están unidos, reflejando la unidad de Su alma, mente y espíritu.

> *"Por eso os digo que **tengáis fe** en que ya habéis recibido todo aquello por lo que oráis, y será vuestro".*
>
> Marcos 11:24 GWT

> *"Por eso os digo que todo aquello por lo que oréis y pidáis, **si creéis** que lo habéis recibido, os será concedido".*
>
> Marcos 11:24 WEY

La mente de Cristo está sometida a Su espíritu, por eso pudo describir elocuentemente la relación simbiótica entre las palabras "creer" y "fe" en este versículo. Usar la palabra "fe" en lugar de "creer" en tus conversaciones diarias te hará consciente de dónde está tu confianza.

¿Cuántas veces hemos rezado por algo que no se ha materializado? Una revelación importante que me ayudó a entender esto fue reconocer mi propia duda.

A menudo utilizaba "creo" para expresar mi tibio apoyo a una situación. Por ejemplo, cuando mi jefe me preguntó si creía que mi compañero de trabajo podía realizar una tarea, le dije que sí. Sin embargo, tenía mis reservas debido a su rendimiento en el pasado.

En otras palabras, no tenía fe ni seguridad total en su capacidad, así que respondí a medias. El término "creer" tiene su origen en el ámbito físico, ya que la humanidad existe en un estado de separación de Dios desde el momento del nacimiento.

Cuando descubráis que la verdad está dentro de nosotros desde que nacemos, vuestros corazones y vuestras mentes serán uno, y dejaréis de buscar fuera de vosotros mismos la confirmación de lo que ya tenéis.

Por otro lado, el término "fe" se relaciona con la espiritualidad, denotando una armonía entre el corazón y la mente. Esta comprensión provocó una profunda transformación en mi vida, y creo que la suya también puede experimentar un cambio similar.

Abraham era conocido por utilizar la palabra "creer" para expresar su fe en Dios. Sostengo que esta es la razón por la que Dios pudo confiarle la alianza. Abraham reconoció al Cristo de Dios debido a su fe en Dios, y esta creencia se transformó en la fe que Dios necesitaba para cumplir su plan.

> *"Vuestro padre Abraham se alegró mucho al ver Mi día; lo vio y se alegró".*
>
> Juan 8:56 LBLA

Para conectar lo invisible con lo visible, debemos convertirnos en lo que pedimos. Según Marcos 11, tienes que creer que lo que pides a Dios ya existe.

En esencia, solemos oír los truenos después de ver los relámpagos, ya que la luz se mueve más rápido que el sonido en nuestra realidad. Pero, ¿qué ocurre en el ámbito espiritual? Aquí, lo visible se cruza con lo invisible en nuestra conciencia, lo que la Biblia denomina fe.

En otras palabras, como seres espirituales, nada es imposible, ya que todos los resultados potenciales residen en nuestro interior. He descubierto que mi separación mental de mi corazón creó la oposición que Abraham no experimentó, ya que expresó estar "contento" como si ya lo estuviera sintiendo.

Esta transformación no se produjo de la noche a la mañana; sin embargo, cuanto más me resistía a dudar o a confiar en mis sentidos para validar el resultado, más rápidamente empezaba a manifestarse.

Mi creencia evolucionó hacia la fe a medida que mi excitación emocional transformaba lo invisible en visible. Esta energía emocional conectó mi corazón con mi mente, permitiéndome encarnar lo que creía.

Defino la fe como saber sin aprender. Como seres espirituales, no estamos separados de lo que Dios creó; esa unidad es nuestro origen y destino.

> *Es por la fe que entendemos que el universo fue creado por la palabra de Dios, de modo que lo que se puede ver fue hecho de lo que no se puede ver.*
>
> Hebreos 11:3 TEV

> *por la fe entendemos que las edades han sido preparadas por un dicho de Dios, con respecto a las cosas que se ven no habiendo salido de las cosas que aparecen;*
>
> Hebreos 11:3 YLT

Somos la creación de Dios y de su Palabra, que nos conecta fundamentalmente con la fuente de nuestras percepciones.

A. TOTALIDAD

¿Podría esto explicar por qué Jesús advirtió contra el juicio? Si somos parte integral de La Palabra, entonces el juicio tiene un propósito: aumentar nuestro sentido de separación de nuestro Creador.

No quiero decir que seas un objeto inanimado, sino que te des cuenta de que todo en este reino está hecho de ondas de energía hasta que un observador consciente reconoce su existencia a través de la conciencia y la percepción. Nuestros juicios amplían la brecha al crear la ilusión de separación de lo que juzgamos, al tiempo que aumentan sutilmente nuestra dependencia de nuestros sentidos.

Por lo tanto, la educación en este campo podría ser más impactante si se centrara en la interconexión a través de la dimensión espiritual, en lugar de limitarse a buscar pruebas de nuestras diferencias.

La humanidad ha abrazado la dualidad, lo que ha dado lugar a un profundo sentimiento de separación. Esta decisión ha fomentado un ambiente de orgullo que, en última instancia, conduce a la autodestrucción. Es imperativo que nos resistamos a las influencias que juzgan o dividen.

Para reconocer la unidad en este ámbito, basta con examinar los sistemas radiculares de plantas y árboles. La interconexión de toda la existencia representa el cielo en la tierra y puede mejorar significativamente la comunicación humana.

A menudo nos centramos más en la materia que en el espíritu, pero esto puede cambiar estando presentes. En los momentos de quietud, toda la creación comunica vida y unidad.

Entiendo que esto puede sonar desafiante para aquellos que se centran en el reino físico, pero esa perspectiva se desvanece cuanto más tiempo permanezcas presente. Jesús era y es antes que todas las cosas materiales, y tú y yo estábamos en Él antes de convertirnos en carne.

Debemos comprender que somos espíritu, que existimos antes que todas las cosas materiales, y esta comprensión permitirá que la materia se convierta en nuestro siervo y no en nuestro amo. En otras palabras, si estamos en Él antes de convertirnos en carne, eso haría que todas las cosas formaran parte de nosotros, sin crear carencias ni necesidades.

La fe es la conciencia invisible que desvela la verdad a quienes tienen ojos y oídos espirituales.

> *"Pero benditos sean tus ojos, porque ven, y tus oídos, porque oyen".*
>
> Mateo 13:16

Hoy en día, la mayoría de la gente utiliza "creer" para validar lo que sus sentidos y mentes analíticas determinan como cierto. Así pues, nuestro mundo está definido por nuestros sentidos físicos y cerebros, programados a lo largo de generaciones en esta dimensión *espacio-temporal*. Pensar dentro de estos parámetros limita nuestra comprensión de la verdad.

Esta dimensión se crea a partir de sombras, por lo que es muy fácil disfrazar la verdad. Por eso Jesús se envió a sí mismo como el Ayudante. Su voz y vibración romperán nuestro condicionamiento hipnótico.

Cuando te concentres en el momento presente, te resultará más fácil escucharle, y a medida que permanezcas presente durante más tiempo, Su voz se hará más clara y poderosa. Esta hermosa experiencia se transformará de sentirse como una carga en un viaje maravilloso a medida que su vida se desarrolla de manera extraordinaria.

B. ORACIÓN CUÁNTICA

La esencia de la fe está en el momento presente, pero la mayoría de las personas no están realmente presentes mientras rezan. En cambio, a menudo se encuentran preocupados por acontecimientos pasados o futuros, que motivan sus oraciones.

Nuestras mentes y corazones están diseñados para alinearse con los Suyos, permitiendo que la oración se manifieste en la tierra como lo hace en el cielo. Sin embargo, nuestro enfoque disperso obstaculiza nuestra capacidad de permanecer conectados el tiempo suficiente para experimentar las recompensas de la fe en nuestra práctica de la oración.

En esencia, nuestras oraciones resuenan en la frecuencia de nuestras esperanzas y aspiraciones, que generalmente son el resultado de nuestra ubicación actual en el tiempo y el espacio. En otras palabras, si estamos en el momento eterno presente, nuestra vibración representará la resurrección, no la muerte.

Desde pequeños, confiamos en nuestras experiencias en la tercera dimensión para afirmar nuestras creencias y conformar nuestra identidad. La oración se ha convertido en un medio para justificar nuestra separación de Dios, en lugar de alimentar nuestra conexión con Él.

Cuando una persona recibe un diagnóstico de enfermedad y pide oración, nuestra oración a menudo refuerza la enfermedad de esa persona porque pedimos a Dios que la cure. En consecuencia, la oración debe centrarse en dar gracias a Dios por su plan divino en su vida, independientemente de las apariencias físicas.

Por ejemplo, si alguien me pidiera oraciones después de un diagnóstico de cáncer, mi primera respuesta sería proclamar no verbalmente la vida en lugar de la muerte en su acuerdo inconsciente con esa declaración.

Orar no es pedir a Dios que haga lo que ya ha realizado, que es la derrota de la muerte; es, en la mayoría de los casos, un esfuerzo por despertar al ser espiritual dentro del cuerpo físico que ha estado de acuerdo con tal proclamación.

En última instancia, nuestra autoridad espiritual debe permanecer inquebrantable ante las ilusiones físicas que aceptamos, ya que ésa no es nuestra verdadera identidad.

Jesús y Su palabra son uno con Su Padre; en consecuencia, Él expresa lo que sabe. Jesús transmite el espíritu, indicando que Sus palabras llevan Su autoridad y realidad desde el reino que creó todas las cosas.

Por ejemplo, cuando un médico emite un pronóstico utilizando terminología médica, los pacientes deben aprender el lenguaje de la muerte y repetirlo, aceptando de hecho el diagnóstico y el resultado final.

Al aprender y repetir las palabras asociadas con ese diagnóstico, resonamos con la frecuencia de la muerte, que se alinea con la frecuencia resonante de nuestro sistema mundano.

Nuestro lenguaje refleja la frecuencia de nuestras creencias y los resultados que esperamos en la vida. ¿Creemos que si oramos utilizando el lenguaje de este reino, Dios estará en la misma longitud de onda? La Biblia afirma que la fe mueve a Dios, que no se ajusta al lenguaje de este sistema mundial.

Por otra parte, utilizar versículos bíblicos rara vez supone una diferencia significativa, porque no se trata sólo de las palabras que utilizamos, sino de la frecuencia que transmiten esas palabras. El reino espiritual no es verbal, pero da forma al material que visualizamos. Por lo tanto, ver el todo en cada situación altera nuestra perspectiva y vibración, permitiéndonos liberar palabras espirituales.

Por ejemplo, muchas personas rezan por miedo a ser curadas de una enfermedad. Incluso pueden referirse a la escritura de 1 Pedro 2:24 que dice: *"por sus llagas fuimos sanados"*. Sin embargo, aceptar un diagnóstico negativo de su médico hace que estas palabras resuenen con miedo.

El corazón es la clave para dar vida a nuestros deseos orales, atrayendo las señales eléctricas de las palabras y sintonizándolas con la persona que reza.

Sorprendentemente, el campo magnético del corazón responde rápidamente a la firma vibratoria de las palabras que resuenan con las frecuencias del miedo. Esto sucede porque nuestro mundo funciona y se basa fundamentalmente en esa misma frecuencia.

En consecuencia, las oraciones que hacen referencia a las escrituras poseen poco poder si estamos resonando con el miedo, lo que explica por qué más individuos perecen que sobreviven a pesar de sus oraciones. Hemos sido creados espiritualmente para estar unidos en nuestros pensamientos y emociones con Cristo.

Imagina tus pensamientos como ondas de energía eléctrica enviadas al reino invisible. Piensa en las ondas que se forman cuando una piedra cae en un lago. Esta analogía representa la firma eléctrica de los pensamientos cuando emergen en el mundo invisible.

Imaginemos estas ondas como oraciones enviadas desde nuestra mente a nuestra comprensión de nuestro Padre Celestial. Por el contrario, el corazón descarga ondas de energía magnética en el mismo campo invisible, atrayendo ondas que coinciden con su forma de onda. Si el corazón tiene miedo, atraerá magnéticamente ondas dentro de esa frecuencia. Esto ilustra por qué atraemos lo que genuinamente creemos y sentimos, independientemente de lo que articulemos.

Para cambiar esta condición, tenemos que dejar de creer que las circunstancias visibles reflejan nuestra condición espiritual. Está claro por qué a menudo nos aferramos a esta idea, pero la buena noticia es que podemos revertirla simplemente eligiendo permanecer presentes, incluso cuando el infierno está sucediendo a nuestro alrededor.

La mente y el corazón humanos comparten y reciben activamente ondas de energía, reflejando maravillosamente el diseño divino establecido por Dios para todas Sus creaciones en este mundo. Nuestros cuerpos funcionan como transmisores y receptores, mostrando la extraordinaria intención que hay detrás de la creación de Dios y permitiéndonos acceder a todas las bendiciones espirituales que tenemos a nuestra disposición.

Esta conciencia te ayudará significativamente a mantener la conciencia, ya que el Espíritu Santo resuena en la frecuencia perfecta para suministrar todo lo necesario antes de que te

des cuenta de que lo necesitas, al tiempo que te ofrece una energía espiritual extraordinaria para mejorar tu capacidad de permanecer presente.

El Espíritu Santo transmite y recibe señales dentro del ancho de banda de la fe, y es Él quien intercede por aquellos cuya mente permanece en Él.

Cambiar nuestra frecuencia de resonancia no es ningún secreto para quienes se concentran en el eterno presente. ¿Por qué? Porque han renunciado a creer en este sistema mundial como autoridad suprema.

Mi vida cambió en el momento en que comprendí que soy un espíritu y que mi condición física es tan real como yo la percibo. Esta toma de conciencia permitió a mi espíritu reconectar con su origen.

Al permanecer consciente del eterno momento presente, mis pensamientos y mi corazón se unen como un poderoso transmisor, permitiendo que el Espíritu Santo abra mis ojos y me revele que lo que he estado pidiendo estaba ahí todo el tiempo, pero mi atención estaba en otra parte.

Nuestra capacidad de atención aumenta a la par que nuestra mente y nuestro corazón se comprometen con el momento presente. Al alimentar un estado constante de gratitud, independientemente de la situación en la que nos encontremos, amplificamos nuestra energía espiritual. La unión del cielo y la tierra en nuestro interior deleita a Dios, que nos otorga su Reino. A través de esta conexión, la humanidad se encuentra con la belleza diversa de la creación de Dios, que supera nuestras imaginaciones más salvajes.

La oración del Nuevo Testamento significa una vida resucitada ahora y más allá, reconociendo tanto los aspectos materiales como espirituales dentro de nosotros. Nuestra vacilación a la hora de despertar y creer refleja nuestro orgullo, mientras que reconocerlo fomenta una profunda gratitud y amor. Lo digo por experiencia personal.

El poder que aguarda nuestra participación consciente en Su obra acabada es incognoscible en letra impresa, pero se experimenta a través de la fe. Ya ha ocurrido en el tiempo, pero debes presenciarlo desde tu condición actual antes de que cambie tu percepción y comprensión.

C. EL FRUTO DE NUESTROS LABIOS

> *Así que, ofrezcamos siempre a Dios, por medio de él, sacrificio de alabanza, es decir, fruto de labios que dan gracias a su nombre.*
>
> Hebreos 13:15

Por medio de Cristo, la humanidad recibió un don sin parangón, tan extraordinario que comprenderlo en su totalidad nos llevará toda la eternidad. Sin embargo, nuestro limitado tiempo en la tierra nos permite descubrir los tesoros desvelados por Su resurrección.

Como Jesús transmitió a Nicodemo, la clave para descubrir estos tesoros reside en comprender y entrar en el Reino de Dios, lo que no puede lograrse simplemente asistiendo a la iglesia o recitando las Escrituras.

La autoridad y profundidad ofrecida a través de Su resurrección a aquellos que buscan Su reino no puede ser comprendida usando la sabiduría mundana. Por eso Jesús comenzó su mensaje con "arrepentíos", que significa una transformación de pensamiento. Los individuos que reconocen esto y están comprometidos a entrar examinarán este capítulo de cerca.

La característica más importante que te mantendrá centrado y decidido es la gratitud. Hace años oí la frase "actitud de gratitud", que sonaba a tópico hasta que empecé este viaje.

El profundo significado de la acción de gracias no es un tópico ni algo trivial, ya que encierra una mentalidad transformada en las personas que han percibido la incomprensible obra consumada de Cristo.

La capacidad sobrenatural de rechazar y renunciar a su autoimagen condicionada dentro de esta dimensión vigoriza su espíritu con la verdad. Además, mejora todos tus sentidos espirituales, permitiendo el acceso a los reinos multidimensionales de Dios, permitiéndote experimentar la libertad como nunca antes.

Hemos examinado el papel que desempeñan las experiencias en el condicionamiento de nuestro cuerpo físico. En consecuencia, es esencial que seamos observadores conscientes durante cada momento del día en que estamos despiertos, ya que esto nos permite percibir la profundidad de dicho condicionamiento sin juzgar. El resultado de esta práctica por sí sola facilita una oportunidad para que el Espíritu Santo elimine la programación mental que nos confina.

La energía necesaria para ello es enorme y, a veces, puede resultar abrumadora. Sin embargo, la práctica constante de la "actitud de gratitud", independientemente de las imágenes que muestren tus sentidos, dará una energía sobrenatural a tu tenacidad y anulará el poder de las imágenes que una vez te mantuvieron cautivo.

A medida que sigues abrazando el espíritu de Acción de Gracias, empiezas a sentir un cambio en tu apego a "todas las cosas físicas". Esta transformación suele ir acompañada de una disminución del impulso a juzgar. En términos más sencillos, te darás cuenta de que nuestra tendencia a juzgar está estrechamente vinculada a nuestro miedo a la muerte, derivado de la creencia de que necesitamos proteger el reflejo que vemos en un espejo.

Leer esto puede asustar a algunos porque todavía no están convencidos de que son espíritus. De hecho, muchas personas creen que porque Dios les dio un cuerpo y un alma, están destinados a gobernar y reinar en un estado físico hasta que Jesús llegue para llevarlos a casa.

Esta mentalidad está reforzada por la religión e inspirada por la sabiduría de esta dimensión. A mí me enseñaron esto y, antes de explorar las enseñanzas de Jesús, me apresuraba a juzgar a quienes sostenían puntos de vista diferentes.

Sólo el Espíritu Santo puede transformar nuestra mentalidad y creencias, que es la piedra angular de ser guiados por Su Espíritu.

Tu viaje comienza cuando estableces un pacto con Cristo. Esta relación requiere que no hagas nada hasta que veas Su reino y encuentres descanso. Esta profunda postura te introduce en el reino espiritual, donde todo es posible para quienes le conocen.

Una vez que reconocemos que somos algo más que seres físicos, nuestra conexión con el miedo se disipa. Cuando decidí no dejar que factores externos me provocaran una reacción de miedo, mi vida cambió significativamente. Sin embargo, cuando ocurría, simplemente daba un paso atrás de la emoción y trasladaba conscientemente mi atención al eterno momento presente.

Cada interacción física que tenemos a lo largo de la eternidad desprende capas de nuestro falso sentido de seguridad, revelando en última instancia nuestros verdaderos orígenes y propósitos. No debemos caer en el error de pensar que nuestras revelaciones personales en las dimensiones espirituales deben ser compartidas a menos que el Espíritu Santo nos lo indique. Así nos aseguramos de no depender de este reino para la validación o la alabanza y, en su lugar, confiar únicamente en el reino invisible y en Su voz.

Hay muchas distracciones, y nuestra mentalidad se resiste a cualquier cambio que pueda impedirnos tomar decisiones que socaven nuestro control. Sin embargo, aprenderás rápidamente que nada en esta dimensión ofrece mayor paz o alegría que permanecer presente.

Para muchos de nosotros, el principal reto (aparte de estar presentes) es el flujo constante de pensamientos y sentimientos desencadenados por nuestra dependencia de la estimulación física. El drama continuo que antes creíamos aleatorio parece implacable. Sin embargo, al aumentar nuestra gratitud, podemos reducir tanto la frecuencia como el impacto de estas distracciones, fomentando en última instancia la paz en nuestras vidas.

Nos daremos cuenta de que nuestros deseos de promover el drama para proteger nuestra imagen socavan la paz, lo que nos lleva a perder el interés y a permanecer presentes en su lugar.

A la humanidad se le dio libremente la autoridad de crear, permitiéndole manifestar en la tierra el mismo amor que se originó en el Padre. No obstante, Dios era consciente de las inevitables elecciones y separación del hombre, pero confiaba en Cristo para cumplir Su plan de redención, lo que hace que nuestra posición de acción de gracias sea tan poderosa.

En otras palabras, reconocer que nuestro fin se completó antes de que el tiempo o la carne existieran encarna la mentalidad necesaria para entregarnos en confianza, creyendo que cada día se desarrolla dentro de Su amor por nosotros. Nuestra gratitud significa esta conciencia, generando una frecuencia que nos eleva más allá de nuestros sentidos y pensamientos.

Los momentos que pasamos observando nuestras reacciones ante el entorno físico nos aportan percepciones increíbles que el Espíritu Santo utiliza para recordarnos nuestro origen en Él, que nos sitúa en las dimensiones celestiales.

Me di cuenta muy pronto, mientras permanecía presente, de que gran parte de mi día giraba en torno a preservar y mejorar una imagen fabricada de mí mismo, que carecía de sustancia real y sólo proporcionaba una engañosa sensación de control sobre las circunstancias futuras. Estas percepciones me han ayudado a reconocer que la energía que desperdiciaba manteniendo esta ilusión se ha utilizado para ampliar mi comprensión y revelación de Cristo.

Nuestro ser espiritual no tiene imagen, ni existe fuera de Cristo y Su Palabra, que fue el diseño desde el principio. Sin embargo, nuestro libre albedrío y el deseo de experimentar esta dimensión a través de nuestros sentidos crearon una separación de la unidad de nuestro origen.

La imagen es la raíz de la imaginación y un don de Dios para mejorar la comprensión del hombre de su origen espiritual. He tenido visiones de seres celestiales durante el culto que me animan más allá de las palabras a perseguir el amor que emana de esas visitas.

Sin embargo, compartir esas imágenes con los demás me daba un falso sentimiento de superioridad y eliminaba la esencia del encuentro espiritual, que era liberar la acción de gracias y una profunda alegría.

Hoy, inspiro a otros a abrazar personalmente la alegría del Señor y Sus encuentros como un regalo único de su Padre Celestial. Valórenlo como valorarían un momento entrañable con su cónyuge. Mi compromiso con esta práctica me ha ayudado a permanecer conectado a lo invisible y al momento presente durante más tiempo.

Un mensaje clave de este libro es que entrar en un pacto con Cristo comienza con recibir el don de la salvación. Pero esto no es más que el principio. Después tenemos que buscar y abrazar activamente el reino de Dios como ciudadanos renovados.

¿Puedes ver la belleza del diseño de Dios a través de Sus pactos? Verdaderamente somos el Nuevo

Testamento, y el increíble poder de crear el cielo en la tierra se encuentra en la unidad que mantenemos dentro del arca que encarna nuestra esencia y belleza. Nada es imposible, ¡y estoy seguro de que tú ya lo sabes!

CONCLUSIÓN

TÚ ERES
EL NUEVO
TESTAMENTO

Nos originamos dentro de Dios como creadores espirituales antes de convertirnos en carne con libre albedrío, lo que inicialmente produce un anhelo divino de volver a conectar con nuestro Creador.

La Biblia nos orienta en esta búsqueda, abordando nuestra profunda necesidad de conexión. Sus escrituras, inspiradas por el Espíritu Santo, llevan a Jesús a abogar por nuestro renacimiento, que requiere un cambio de mentalidad y el reconocimiento de nuestra identidad como seres espirituales.

Sin esta transformación, interpretaremos las palabras de la Biblia a través de la sabiduría mundana, que reconocemos como un espíritu anticristo. Este espíritu es sutil y siempre conduce a la destrucción. Esto pone de relieve por qué Jesús se manifestó como el Espíritu Santo y por qué nuestra alianza con Cristo es el aspecto más crucial para descubrir los tesoros ocultos en nuestro interior.

> *"Sin embargo, el ayudante, el Espíritu Santo, que el Padre enviará en mi nombre, os lo enseñará todo. Él os recordará todo lo que yo os he dicho".*
>
> Juan 14:26 GWT

Comprender nuestros orígenes espirituales empieza por recordar que la Biblia de Dios es Cristo, y a menos que el Espíritu nos guíe, la Biblia de hoy ocultará esa verdad.

La Biblia actual fue compilada por hombres sin la guía del Espíritu Santo, lo que refleja una mentalidad limitada a esta dimensión, empezando por el mayor engaño, a saber, la separación entre el Antiguo y el Nuevo Testamento.

Además, la disposición de los libros y la inclusión de capítulos y versículos garantizan que su comprensión requiera la interpretación del Espíritu Santo. No afirmo que las Escrituras carezcan de inspiración divina; más bien subrayo que no pueden comprenderse plenamente con nuestra mentalidad terrenal.

El cumplimiento de la Ley por parte de Jesús puso fin a los pactos temporales de los que hablamos y cumplió la profecía de Dios en Génesis 3:15.

> *"Te aplastará la cabeza,*
> *y le herirás en el talón".*
>
> Génesis 3:15

Ese cumplimiento marcó el comienzo de los pactos eternos de Dios, ofreciendo la salvación a toda la humanidad al reemplazar la salvación a través de la Ley Mosaica y abriendo Su reino a todos los renacidos de Su Espíritu y agua.

Las cartas de Pablo en el "Nuevo Testamento" constituyen la base de las enseñanzas de la Iglesia moderna sobre la salvación por la gracia. Sin embargo, estas cartas son a menudo malinterpretadas como directrices para la construcción de santuarios físicos, que Dios abolió en el año 70 dC.

En cambio, la intención de Dios era habitar en el interior de su creación y no en un edificio, permitiendo a la humanidad encarnar su Nuevo Testamento viviente.

La misión de Pablo a los gentiles requería un tabernáculo para predicar el evangelio de la gracia, pero eso era específico de aquella época. Además, los seguidores de Pablo consideran la salvación por gracia como el mayor don de Dios.

Creo que esto se debe a la actual estructura y división de la Biblia, razón por la cual Jesús enfatizó a sus discípulos la importancia de su transición a el Espíritu Santo para impartir sus enseñanzas a los que estaban en Él antes de la fundación del mundo.

El mensaje transformador de la salvación por la gracia es sólo el principio, por eso Jesús nos mandó buscar Su Reino, empezando por un Nuevo Nacimiento.

Su resurrección da paso al pacto de los pactos, conformando nuestra identidad como Su Nuevo Testamento y aportando revelaciones cada vez más profundas a través de las generaciones. El poder de este pacto espiritual te capacitará como Su testamento viviente, revelando las enseñanzas que Él compartió con Sus discípulos durante los cuarenta días siguientes a Su resurrección.

El verdadero poder de la Biblia no reside en su estructura o presentación, sino en el individuo que representa. La notable transformación de Jesús de Nazaret en El Cristo debería inspirarnos a todos para reconocer que estamos diseñados para existir plenamente como seres tanto físicos como espirituales.

En particular, cuando reconocemos que Jesús ha cumplido su misión, la primera percepción que obtenemos es que ahora vivimos en la eternidad porque estamos sentados con Él. En otras palabras, su muerte y resurrección transformaron el tejido mismo del tiempo, recordándonos que Él es, era y será siempre. Esto significa que percibimos todo lo que nos rodea como el diseño y la voluntad perfectos de Dios.

La Biblia consiste en las palabras espirituales de Dios hechas tangibles a través de Sus pactos. Estos pactos se iniciaron a lo largo del tiempo y evolucionaron a través de generaciones, culminando en el nacimiento, muerte y resurrección de Cristo, acontecimientos que ocurrieron más allá de este continuo espacio-tiempo.

Un atributo notable de la Biblia es la capacidad del Espíritu Santo de esperar pacientemente para revelar percepciones del reino espiritual, como hizo conmigo al llevarme a mi origen para validar mi pacto con Cristo. Esto me convenció profundamente de que la Biblia nunca debió separarse en Antiguo y Nuevo Testamento.

Hasta que no experimentemos el nuevo nacimiento que Jesús explicó a Nicodemo, nuestras vidas permanecerán inmutables, como tantas de las que nos precedieron, a la espera de que algo de fuera altere el tesoro que ya reside dentro de nuestro espíritu.

La forma más rápida de comprender la profundidad de nuestro estado sonambúlico es a través de la conciencia consciente. Esta práctica sencilla pero profunda revelará el alcance del condicionamiento hipnótico que hemos experimentado desde que nacemos. Además, la mera práctica de estar presentes nos conecta con el eterno momento presente, que es la fuente de la fe.

Esta práctica dará lugar a una transformación significativa en nuestra vida de oración, salud y percepción, ampliando así nuestra comprensión más allá de esta dimensión y permitiéndonos permanecer en presencia de Cristo resucitado.

> *Pero hay también muchas otras cosas que Jesús hizo, tantas que si se describieran todas en detalle, supongo que el mundo mismo no podría contener los libros que habría que escribir.*
>
> Juan 21:25 WEY

En el versículo anterior, Juan nos recuerda los tesoros incalculables que permanecen ocultos: acciones realizadas por Cristo antes de su ascensión que nunca quedaron registradas. La razón de esto es que Él puede revelarlas a cada uno de nosotros con quien establece un pacto. Estas verdades son las que Él utiliza para construir el templo más profundo dentro de aquellos que Él eligió antes de la fundación del mundo.

Esta dimensión no contiene nada que no hayamos observado en Él como espíritu. La autoridad derivada de esa comprensión superará las limitaciones de esta dimensión y hará que el miedo sea ineficaz.

El pecado de Adán nos despojó de nuestra identidad como espíritu, imponiendo una conciencia de pecado que toda la humanidad hereda al nacer. Nuestra alianza con Cristo nos capacita como el último Adán mientras estamos en este cuerpo físico, con un cambio significativo.

El pecado de Adán abrió sus ojos para centrarse en el reino material; nuestra alianza con Cristo abre nuestros ojos espirituales a las maravillas de Su reino a nuestro alrededor.

El significado completo de esta transición no es totalmente comprensible hasta que ocurre. Sin embargo, una verdad permanece: los que estaban en Él antes del mundo nunca dejaron esa posición. ¿Estabas tú en Él? Yo creo que sí. ¿Y usted?

EL PRINCIPIO

Si este libro le gustó, le recomendamos también

Sumergidos en Él

Imagínate completamente libre del temor, la enfermedad y la muerte. Ahora pregúntate si tu vida cambiaría de ser eso una realidad. Este libro va a rasgar el velo de oscuridad que impide que esto suceda en ti. Impresionantes visiones del poder de Dios narradas aquí sacudirán las mentiras que muchos han creído por siglos. Te enseñará la profundidad y la realidad de lo que significa "nacer de nuevo", para que puedas ver y entrar en el Reino invisible de Dios.

Descubrirás el verdadero significado del "Agua de Vida" y las profundas verdades escondidas tras el Bautismo que quedaron sepultadas en la historia. Entenderás cómo beber de la fuente de agua correcta y aprenderás a cambiar la enfermedad en salud y la muerte en vida. Tú fuiste diseñado para ser un vencedor, no para ser vencido. Nada es imposible para los que beben del agua que "Es Jesús" y son sumergidos en la plenitud de quién es Él.

Encuentra este libro disponible en Amazon, y nuestros Distribuidores autorizados en las Naciones.

www.vozdelaluz.com

Si este libro le gustó, le recomendamos también

El Último Adán

¡Prepárate, porque el velo que tenía escondidas tu verdadera naturaleza e identidad está por rasgarse para siempre! El evangelio predicado por el Último Adán es el poder para tu transformación. Este no es un libro de "cómo hacer" para mejorar tu condición actual. ¡Es la llave para descubrir y desatar lo que ya conocías antes que el mundo fuese! ¿Quieres reclamar lo que Adán perdió?

El Ultimo Adán no sólo resucitó de entre los muertos sino que también venció el temor a la muerte. Si tienes miedo de algo es que aún no te ha sido revelada la verdad sobre tu auténtica identidad. Hoy cuando oigas Su voz, da ese primer paso para vencer al temor para siempre. Esto es la que nos dio el Último Adán, ahora la elección de hacerlo tuyo te toca a ti. ¡Arrebátalo!

Encuentra este libro disponible en Amazon, y nuestros Distribuidores autorizados en las Naciones.

www.vozdelaluz.com

Si este libro le gustó, le recomendamos también

La Generación de Resurrección

La Generación de Resurrección es una experiencia fuera del tiempo y el espacio a una dimensión para que veas realmente quién eres y dónde verídicamente es tu morada. Fuimos elegidos "en" Cristo antes de que hubiera una dimensión física, pero ¿qué significa eso y cómo podemos recuperar esa posición? Las respuestas a esas preguntas no sólo cambiarán tu vida, sino que te abrirán las puertas para experimentar una vida libre al temor a la muerte.

Las personas que llegan a vivir este libro, se sanan y se liberan de toda enfermedad asociada a esta dimensión. ¿Por qué? Porque la identidad que actualmente tenemos es susceptible a la consciencia del sistema de este mundo, cuyo fundamento es el temor a la muerte. Pero el verdadero tú vive en salud divina, libre de todo temor. Una vez que te reencuentras con quien eres desde antes de la fundación del mundo, la paz que sobrepasa todo entendimiento abre tus ojos y oídos para experimentar la plenitud del Reino de Dios.

Encuentra este libro disponible en Amazon, y nuestros Distribuidores autorizados en las Naciones.

www.vozdelaluz.com

Si este libro le gustó, le recomendamos también

El Gran Engaño

No hay nada más importante que la crucifixión y resurrección de Cristo. Es lo que define al Cristianismo por encima de toda religión en el mundo. Este libro expone a la luz, el engaño de hechicería más grande infiltrado en La Iglesia, mezclando la verdad con la mentira. No hay duda que que Cristo Resucitó, pero el torcer el hecho de que Él estuvo en el corazón de la Tierra 3 días y 3 noches, celebrando el "Viernes santo" y el "Domingo de resurrección", nos roba la exactitud de los tiempos y el poder de toda palabra profética escrita sobe Cristo como nuestro Mesías.

Cuando nuestra consciencia compromete la Verdad adaptándose a las tradiciones, rompe el muro de protección que la guarda del engaño. Este no es un libro más, es el arma más poderosa para descubrir la escencia de toda palabra prófetica en la Biblia, y desmantelar toda mentira para vivir en Su Verdad. Tendras la llave de los misterios de Dios escondidos por generaciones.

Encuentra este libro disponible en Amazon, y nuestros Distribuidores autorizados en las Naciones.

www.vozdelaluz.com

Les Invitamos a ver los Entrenamientos Proféticos

www.vozdelaluz.com

Veanos en **Frecuencias de Gloria TV** y **YouTube**
Síguenos en **Instagram**

www.frecuenciasdegloriatv.com
www.youtube.com/@Vozdelaluz
www.instagram.com/anamendezferrell

Si quieres realmente ser transformado, no te tropieces con cientos de revelaciones confusas en redes sociales. Creamos un espacio para que diariamente encuentres esa revelación e inspiración que anhelas, sin anuncios, distracciones y mensajes confusos.
¡Visita nuestro sitio web hoy mismo y comienza a avanzar en tu vida espiritual en Cristo!

"Maná Fresco"
Ana Méndez Ferrell

"Estad Quietos y Saber"
Emerson Ferrell

Voice of The Light Ministries
P.O. Box 3418
Ponte Vedra, FL. 32004 USA
904-834-2447

www.vozdelaluz.com

www.ingramcontent.com/pod-product-compliance
Lightning Source LLC
Chambersburg PA
CBHW070533170426
43200CB00011B/2413